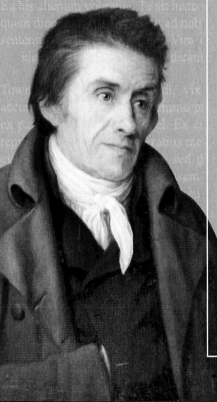

平民教育之父

斯泰洛齊

掀去無知的面紗

見解與經驗、才能發展與運用、事物與文字、兒童與母親，瑞士教育改革家的思想與情懷

Johann Heinrich Pestalozzi

裴斯泰洛齊———著　　孔謐———譯

他將一生全都貢獻給了貧苦兒童的教育事業，
「透過教育消除貧困」是他為之奮鬥一生的目標。
著名教育家赫爾巴特、福祿貝爾、第斯多惠皆深受其影響。
若研究西方教育的發展，裴斯泰洛齊是絕對不能忽略的人物！

《葛篤德如何教育她的子女》、《致格瑞夫斯的信》、《天鵝之歌》
一本書帶你領略歐洲平民教育之父裴斯泰洛齊的思想與情懷——

目錄

導言

第一章　葛篤德如何教育他的子女

第十三封信：實踐技能的重要性 14

第二章　見解與經驗

第三封信：論理想中的人 28

第四封信：什麼是理所當然的 32

第五封信：家庭生活的教育方面 35

第六封信：其他社會關係的教育價值 43

第七封信：和自然相互作用的教育價值 47

附錄 3：關於鄉村教師 57

第三章　西元 1818 年對我校師生的演講

普遍對教育漠不關心 64

各部分的多樣性中存在著根本的統一性 66

樹無法自我幫助，人可以 68

人的意志是自由的 69

人是三個因素的產物 70

富人能夠為窮人做的事情 80

教育的七個必備條件 87

CONTENTS

第四章　致格瑞夫斯的信

第十一封信：嬰兒初期.. 94

第十二封信：母愛 —— 一個忠告 97

第十四封信：兒童對母愛的反應 99

第十六封信：母親與兒童道德的發展 102

第二十封信：早期的智力和道德活動 105

第二十一封信：教育與生活... 108

第二十二封信：體育體操...111

第二十三封信：視覺和聽覺訓練 —— 音樂教育 114

第二十四封信：繪畫 120

第二十五封信：對母親的教育... 125

第二十六封信：母親對兒童教育的重要意義......................... 129

第二十七封信：女子教育中品格與知識並重.................. 134

第二十八封信：事物與文字... 138

第二十九封信：兒童是他自己的教育者......................... 142

第三十封信：厭倦是教學的主要弊病............................. 146

第三十一封信：基本方法... 150

第三十二封信：教育和社會效益..................................... 156

第五章　天鵝之歌

教育意味著完整的人的發展..162

每種能力的發展從專門的訓練中獲得..........................165

讓人發展的教育和大自然相對應............................... 166

我們的力量的均衡與和諧..179

才能的發展與才能運用訓練的差別.. 195

語言是感覺經驗與思維之間的中介.. 212

感官經驗和高階勞動及自然界歷史的關係 221

CONTENTS

導言

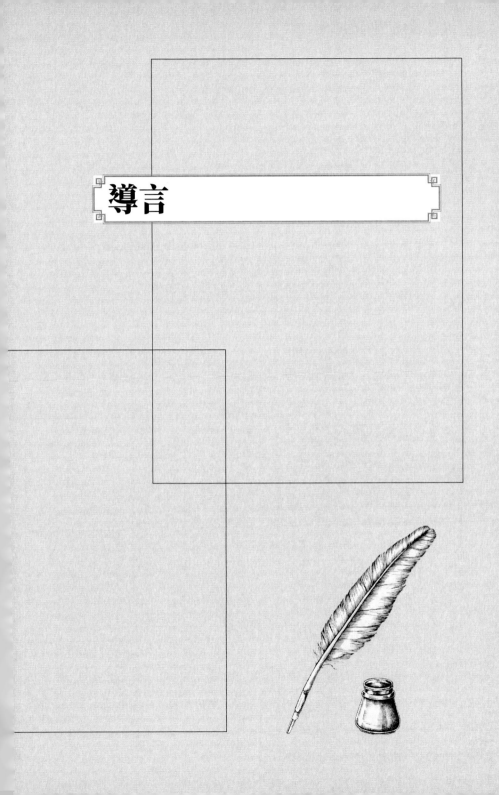

導言

約翰・亨里希・裴斯泰洛齊（Johann Heinrich Pestalozzi，西元 1746～1827 年）是 18 世紀末、19 世紀初瑞士著名的教育家。他將自己的一生全都貢獻給了貧苦兒童的教育事業，在教育領域辛勤耕耘，為當時的教育改革和教育理論的建立都做出了卓越的貢獻。研究西方教育的發展，特別是近代以來的初等教育實踐、理論和方法的發展軌跡，裴斯泰洛齊是一個絕對不能忽略的人物。

裴斯泰洛齊幼年喪父，由他的母親及女僕將他撫養成人。母親和女僕辛勤勞動的模範行為，讓裴斯泰洛齊從小就形成了樂於奉獻和人道主義的精神。正因為從小就有了窮苦生活的親身體會，所以，「透過教育消除貧困」，就在後來成為裴斯泰洛齊為之奮鬥一生的目標。

從中學畢業後，裴斯泰洛齊來到了加羅林學院繼續深造，最初的願望是想在畢業以後進行神學方面的研究。而他之所以會走上教育改革的大路，是因為他在教育自己的兒子的時候，在迷茫困惑當中，他想起了啟蒙思想家盧梭（Rousseau）的著作《愛彌兒》，於是，他按照盧梭培養愛彌兒的那套方法來對自己的兒子進行教育，與此同時，還仔細的觀察這一教育的過程及其效果，並做了詳盡紀錄。正是這種活動，讓他開始對教育產生了無比濃厚的興趣，並促使他做出決定，展開教育試驗。從這以後，無論條件多麼的艱難，裴

斯泰洛齊都始終堅持研究拯救貧民的國民教育，從不放棄。

　　裴斯泰洛齊一共進行過三次教育試驗，教育的對象大多是貧民家的兒童。前兩次實驗的失敗和孤兒院的破產，並沒有讓裴斯泰洛齊的教育信念有絲毫的動搖，他反而開始對自己的教育經驗進行總結，並寫下了那部膾炙人口的教育名著──《林哈德和葛篤德》。第三次教育實驗，是他在西元 1800 年和友人一起建立的「伊韋爾東學院」，共存在 24 年。伊韋爾東學院曾在當時的歐洲盛極一時，有很多國家都派教育家來這裡進行學習訪問。裴斯泰洛齊也正是在這所學校，撰寫了名傳後世的著作《葛篤德如何教育她的子女》，系統的提出來了一整套關於初等教育的內容、方法以及原則。但是，令人十分遺憾的是，在走過了二十幾年的鼎盛時期以後，伊韋爾東學院最終因為內部意見出現分歧而停辦。

　　這次失敗給裴斯泰洛齊的打擊很大，失落而疲憊的他回到了自己的故鄉，開始潛心著述。西元 1827 年 2 月 17 日，裴斯泰洛齊在故鄉與世長辭。在他逝世以後，為了紀念他，人們在他的墓碑上刻上了「毫不利己，專門利人」（All for others, nothing for himself）等字句，這正是裴斯泰洛齊光輝一生的真實精神寫照。

　　裴斯泰洛齊在教育領域最大的貢獻之一，就在於他率先提出初等教育的問題，並提出了一套完整的、系統的初等教

育的思想，其中有不少思想和觀點，在現在仍然是有借鑑和學習的價值的。裴斯泰洛齊提出，初等教育的目的，在於對兒童的德、智、體、勞諸方面的全面能力的培養，以及讓兒童完善的個性得以和諧發展。在西方教育史上，裴斯泰洛齊首先明確的提出教育心理化的思想。他對機械灌輸的舊式教學方法表示反對，並在自己的實踐中，積極探索兒童心理發展規律，並研究適應這一規律的、正確的教學方法。裴斯泰洛齊關於教學心理化的思想和實踐探索，是 19 世紀歐洲教育心理化運動的開端，明確了教學過程科學化的發展方向。

總而言之，裴斯泰洛齊為近代教育理論的發展和演進做出了突出的貢獻，他的教育思想產生了極為廣泛的國際影響，德國的著名教育家赫爾巴特（Herbart）、福祿貝爾（Friedrich Fröbel）、第斯多惠（Diesterweg）等等都深深的受到了他的影響。在清末，裴斯泰洛齊的教育思想開始傳入中國，對中國初等教育理論也產生了一定影響。

裴斯泰洛齊既是一位偉大的教育理論家，也是一位出色的教育實踐家，他留給後世主要的教育著作有《林哈德與葛篤德》、《葛篤德如何教育她的子女》、《論教學方法》、《致格瑞斯的信》、《天鵝之歌》等。本書從他的大量著作中選譯了以下篇章：《葛篤德如何教育她的子女》一書共十五封信，這裡選編了第十三封信，主要論事實際活動能力的培養問題。

〈見解與經驗〉，這是裴斯泰洛齊在開始領導伊韋爾東學校的教育工作時，與蓋思納的通信，這裡選編了其中的第三封到第八封信，為裴斯泰洛齊對《葛篤德如何教育她的子女》一書的補充。〈西元 1818 年對我校師生的演講〉為西元 1818 年，裴斯泰洛齊每週在伊韋爾東學校的師生集會上的演講稿彙編，這裡選入的是其中一些較重要的篇章，可見裴斯泰洛齊對一些重大教育問題的觀點。〈致格瑞夫斯的信〉一文為裴斯泰洛齊與英國友人格瑞夫斯的通信集，主要內容是他對兒童早期，也就是嬰兒期教育的論述。最後的〈天鵝之歌〉，是高齡還鄉的裴斯泰洛齊撰寫的對他一生教育改革事業的一部總結性著作，也是他的最後一部著作。希望讀者可以從我們選出的這些文章中，領略到這位偉大的教育家的思想和情懷。

第一章
葛篤德如何教育他的子女

第十三封信：實踐技能的重要性

在上封信裡面，我的心境不允許我說得太多，我只好就此擱筆。我是正確的。當我的心情陷入了憂鬱和絕望當中，或者在極度狂喜裡升騰到雲霄之上時，我可以說些什麼呢？

朋友，如果拋開這極度絕望或狂喜的心情不談，我又可以說些什麼呢？

在人類最莊嚴的特徵 —— 語言這個永恆的虛無裡面，在其莊嚴的力量之中，我發現了它的外殼的永恆的限制標記。我的精神受到了它的限制，在裡面萎縮了。我在裡面不僅看到了人類喪失了的純真的觀念，也看見了羞恥的觀念。只要我不是一點價值都沒有，這種已經失去的羞恥的觀念就總在對我進行著提醒。只要我還沒有墮落得極深，這種心情就時時在我心中，讓我的挽回失去的東西的力量得以復甦，讓我從毀滅中自救的力量得以復甦。

朋友，只要人類無愧於他最莊嚴的特徵 —— 語言，只要人類懷著讓自己更優越、更高尚的純真願望，將它作為保持人類優勢的工具、強有力的表意工具進行使用，那麼它就是一種神聖的、高尚的東西。但是，只要人類一旦配不上這個特徵，不再將其作為表達自己優勢的工具，又將讓自己優

越的願望喪失，那麼，它就不過是自然界中一種永遠都不會枯竭的、幻覺的泉源，使用它，就會讓人們的尊嚴喪失，變得野蠻，變得頹廢。它將成為人類將道德和精神本性徹底毀滅的首要的、最有力的工具，成為人類內部的不幸、國民中的不良行為和不應有的災難的頭號來源。社會犯罪也就隨之產生。

與此同時，人類最巧妙的用語言將所有這些敗落和罪惡掩蓋住了。我們語言的腐敗墮落傳播得有多麼廣泛、對當今世界各個方面影響有多麼深刻，簡直是無法估量的。我們可以在上流社會、宮廷、法庭、書本、戲劇、雜誌、報紙等當中，隨處找到它。簡而言之，它盡其渙散之力，存在於我們生活中的任何一個角落。襁褓中的兒童就受到了腐敗墮落語言的刺激，在學生時代又被其鼓動，於是就伴隨了他們的終生，目前，這種局面比過去任何時候都要廣為人知。我甚至能夠這樣說，上到國會大廳、布道講壇，下到各個酒館和旅館，人們都在說它，每個地方都能夠聽到它。人類的墮落與縱欲的一切根源都是從這裡發源，並在其中同惡相濟，隨後便滋生蔓延。

用這一點，只需要用這一點，我們就可以為這樣一個可怕的事實做出解釋：語言的腐敗是和人們的墮落齊頭並進的。它讓不幸的更加的不幸，讓愚昧的更加的愚昧，壞人的犯罪

第一章　葛篤德如何教育他的子女

活動更加肆無忌憚。朋友！無補於事的空談導致了歐洲的犯罪活動日益加劇。它和過度的文明有關，它的結果正對我們的情感、思想和行為的基礎產生著影響。它和我們的奴性的廣泛增長有關，和我們獨立的心的同樣廣泛的喪失，有著密切的關聯——在這個國家裡，失去了獨立的心不只是普通的下層階級，還有我們所謂的紳士、貴族、名人們。它還連結上了我們中產階級的日益增長的頹廢，而這個階級正是被視為所有真正的政治力量和人民幸福的中流砥柱。

越來越多的出版物的目錄只是我們時代裡極大罪惡的小小的症狀。然而那些貼在牆角上的政府和私人的招貼廣告，在數量上和規模上也是越來越多、越來越大，經常比膨脹了的出版物目錄表現出更加明顯的罪惡。總而言之，我們很難預計，在我們這部分世界的許多國土上，已經達到這樣的地步的一代人，因為他們的混亂、懦弱、凶暴和不協調，將會被語言的嘰嘰喳喳的頹廢引向什麼地方。

我還是繼續之前的話題吧。在對這個問題進行實驗研究時，我最初根本沒有明確的教學想法，完全沒有，我不過是這麼向自己發問：「如果你想要在一個孩子身上培養出他所需要的一切知識和能力，透過明智的照管他的基本事務來實現內心的滿足，你將要做些什麼呢？」

我剛剛發現，在我寫給你的一系列書信中，我考慮到的

只有問題的第一部分，也就是對兒童的判斷力和知識力的訓練，而忽略了對他們的行動能力的訓練，這些行動能力並不只是透過教學（指知識和科學方面的教學）來培養的。但是一個人透過行動而首先自己內心的滿足所需要的行動能力，實際上並不局限於教學性質迫使我涉獵的那幾個課題。

我不能將這些空白丟下不管。一個惡魔般的幽靈為這個時代帶來的最可怕的禮物是：有知識卻沒有行動的能力，有見識卻沒有實做或克服困難的能力。這正是可能而且容易讓我們的生活與我們的內在本性協調一致的能力。

人的需求甚多，對一切都嚮往。你想要讓你的需求和願望得到滿足，就必須認識和思索，為此，你就一定（而且能夠）行動。而且，認識與行動的關係又是如此緊密，以致一方停止，另一方也會隨之停止。但是，只有在你身上培養行動的能力（沒有行動能力，就無法讓你的願望和需求得到滿足），還有你對需求與渴望的對象的觀察力，並且提高到同樣完善的程度，才能讓你的生活和內在本性保持協調一致。因此，這些行動能力的培養與認知能力的培養對同樣的機制法則十分依賴。

活著的植物、動物和人的自然機制是完全一樣的。動物的本性只是肉體的，人的本性同樣也是肉體的，不過人是有意志的。自然可以在我身上產生出三重結果，但是自然始終

第一章　葛篤德如何教育他的子女

不會發生變化。自然法則以物質形式對我的肉體本性產生著影響，也在用同樣的方式對整個動物界產生著影響。其二，只要我的判斷與意志的感覺方面的基礎由自然法則決定，它們就會對我產生影響。從這方面說，則是我的意見、決心和愛好的感覺基礎。其三，自然法則對我有影響，讓我可以掌握實踐技能。我透過本能，感覺到我對這種實踐技能是需要的，透過洞察力識別它，透過意志掌握了它的。但是就此來說，教育藝術一定要擺脫大自然的主宰，教育我們人類，或者換個更確切的說法，擺脫自然對每個個人所持有的偶然的態度，讓它處於知識、力量和方法的掌握之中，因為知識、力量和方法是自然長期以來為了人類的利益而教給我們的。

誠然，人們從來也沒有將在日常生活所需要的活動中必須接受培養的想法丟掉，即使在華而不實的人為訓練導致的極其衰退時期也是這樣的，個人更沒有將這種意識丟掉。

所以道德、智力、實踐等方面的天性，讓人類努力進入生活的道路。在生活的道路上，這種需要的意識又在日益發展，越來越強。這在各個方面都對人類擺脫盲目的自然的主宰而改善自己有幫助，對擺脫和自然的盲目性密切相關的、片面的、華而不實的、人為的感覺訓練也是有幫助的，並將其置於長期以來始終在提高人類的智慧力量、方法和藝術的掌握之中。

　　但是，無論什麼時候，由人組成的團體總是屈從於感覺本性的要求，屈從於對感覺本性的華而不實的、人為的訓練。在這一點上，團體是大大超過個人的。政府也是如此。政府作為團體、群體或者集團，屈從於感覺本性的要求以及感覺本性的退化的程度，是大大超過屈從於個人乃至集團中單個的成員的。父親不會輕易冤枉自己的兒子，同樣，老師也不會輕易冤枉自己的學生，這是確定無疑的，然而政府輕易的冤枉它的公民卻是屢見不鮮的。

　　上面說的情況反過來的可能性不大。人的本性以更大的溫和與更加純真的力量作用在每個人身上，而作用在群體、集團和鄰里則不一樣，無論是哪種類型的群體、集團和鄰里。個人身上所保留的人類初始的、共同的天性，要比保留在任何一個集團或鄰里中的更純真，也更有力。天性可以、並且是實實在在的對個人進行著激勵，但是卻無法給予任何群體或集團同樣的激勵。它已經將可能、並且應該產生和發展對人類整個能力範圍的影響的基礎喪失了。有一點是不可否認的，只要是天性中聖潔的、神授的東西，都會利用其對自然力的和諧的影響，而在個人的身上表現出來。但是，不管是什麼樣的情況下，天性中這種聖潔的、神授的特質，一旦影響到作為集團出現的群體或集團，就會出現殘缺不全、喪失效用的情況（不管它單方面以什麼樣的形式出現），還會

第一章　葛篤德如何教育他的子女

利用這種影響在群體或集團中，產生帶有僵死力量的團體精神。每一種人的聯盟都在其自身中產生僵死的力量，天性則以同樣的僵死力量，對所有類型的人的群體產生影響；不管什麼地方，只要有了這種情況，天性對真理和正義的影響，進而對民族的啟迪和民族幸福的影響，就一定會受到阻礙。

分清楚天性對個人和團體的作用非常重要的，應該獲得更多的關注。一旦將這一點分清楚了，很多人類生活的現象，特別是很多政府的行動，我們也就可以理解了。這也是我不能過多的指望政府來關心個人，關心公民的教育，以及和公共福利有關的所有事情的原因 —— 這些事情只有個人才可以完成。

不。如果一件事情是個人的生命力和精力可以做好的，那也就是人民可以做好的，當時政府卻無法做到。這是一條永恆不變的真理，很容易從人類本性的角度來解釋，整個世界歷史也可以證明這一點。我們不光不能指望政府，還不能強迫它，唯一有可能要求它做的就是：它不應忽視可以有所成就、有所貢獻的事務中的無權現象。為了讓所有的人可以為公共利益貢獻一份力量，政府絕對不應該對他們在智力、氣質和能力的培養方面的需求視而不見。

當時，我頗為痛心的說，我們這個時代的政府卻沒有足夠的力量和生機，來獲得將這一目標實現所需的實際技

能。我們這部分世界上的公民，在培養他們的智力、能力和氣質方面，沒有獲得每個人所需要的實際幫助，這一點是不可否認的。公民如果具備了這種智慧、氣質和能力，一方面可以透過精明的處理自身的事務而獲得內心的滿足，另一方面又能夠方便的提供並且確保國家所需要的一切。為了獲得許許多多人的支持和幫助，國家只有使這些人擁有良好的品德、智力和實踐能力的修養。只有這樣，國家才能維持下去。

一個心地高尚、受過教育的人需要掌握的所有能力，取決於他的知和行的能力。人類所需要的智慧和知識，不是自發的產生的，同樣的道理，他所需要的所有能力也並非自發產生的。培養智力和技能需要一套循序漸進的方法，需要是適合於人類本性的、符合心理學的規律的。同樣的道理，培養這些行動的技能，也由一個基礎牢固的教學藝術初步的機制所決定，即得遵循教學藝術的普遍規律。按照這些規律，兒童能夠透過一系列從最簡單到最複雜的訓練而獲得教育。這種訓練的結果一定可以讓兒童在他們需要教育的所有方面，獲得越來越得心應手的技能。

然而，這個教學初步並沒有找到。我們很少能夠發現沒有人尋找的東西，這是非常自然的。當時，如果我們拿出在金融市場上那種追求任何微小利益的熱情，那就很容易找到

第一章　葛篤德如何教育他的子女

它。只要找到了，它就會大大的造福人類。這個教學初步一定從體力的最簡單的表現形式開始，因為這裡面蘊含著人類最複雜的實踐能力的基礎。搬運和打擊、投擲和刺戳、旋轉和拖拉、擺動和繞圈等等，都屬於我們最簡單的體力表現形式。它們自身雖各不一樣，但是或合或分，裡面都蘊含著所有可能的行動的基礎，甚至構成人類各種職業的最複雜的行動基礎也蘊含其中。所以這就顯而易見了，這些基本動作的訓練，一定一律從按照心理學原理安排的早期訓練開始，單項訓練和綜合訓練都是這樣。當然，這些基本的四肢操練一定要和基本的感覺訓練協調合拍，和一切機械思維練習協調合拍，和形狀訓練還有數字教學協調合拍。

不過，和我們比阿彭策爾民族的一個婦女和她使用的紙鳥初步直覺教學藝術還落後得多一樣，我們在基本活動（也就是指體育）教學方面，在打擊與投擲、刺戳與拖拉等技能的教學方面，照樣比這個最不開化的民族也差得遠。

我們非常需要一套分級訓練，從最簡單的開始，一直到最高階的完善程度，即從對最微妙的神經功能的訓練開始，因為它讓我們可以準確而又多種形式的進行刺戳和迴避、投擲和擺動等活動。我們還得從相反和相同的方向展開訓練手腳的活動。就流行的教學而言，所有的這些都是空中樓閣，沒有什麼基礎。我們有的只是識字學校、寫字學校、問答式

（海德爾堡式）教學學校，但是我們需要的卻是培養人才的學校。

但是，對於那些主張任何事物都要徹底順其自然的人，這些都是沒有什麼用的，他們秉承著任其自然的觀念，對那些營私舞弊、傷天害理的事表示著支持；對於那些畏首畏尾的、熱衷於人所不齒的自由放任的紳士們也是沒有任何用處的。

活動機制擁有和知識機制一樣的發展過程。就自我教育來說，活動機制的基礎也許具有的影響是更加廣泛的。要想有能力，你就需要有行動；要認識，你就一定要在很多的情況下保持被動，你只能透過看和聽的方式。

所以，談到你的活動，你並不僅僅是活動的教養中心，而且在很多的時候，它的最終用途也由你決定 —— 總是沒有出自然機制法則範圍。在沒有邊際的、沒有生命的自然裡，它的狀況、種種需求和關係決定了各式各樣物體的特性；同樣的道理，在無邊無際的、有生命的、促使你的才能發展的自然中，十分需要的那種能力也由你的處境、種種需求和關係所決定。

上面的看法讓我們明白了我們的活動的方式，對了解發展了的活動的特性也是有幫助的。在我們的能力和活動的發展裡面，存在一個中心點，人終生有義務要做的、要照管

第一章　葛篤德如何教育他的子女

的、要忍受的、要提供的等等所有事情的個人責任心，都是建立在這個中心點之上的。所有讓我們背離這個中心點的影響，都一定要視為於明智的人類教育的影響是相衝突的。所有的影響，如果它透過讓我們背離這個中心的方式，引導我們運用能力和活動，從而削弱或者徹底剝奪我們的義務要求我們的特定性質的活動，或者讓我們和這些活動的關係不再協調，或者透過某種方式，讓我們再也無法為同胞和國家服務，如果是這樣，那麼這種影響都應該視為偏離了自然法則的、和自身與環境都不協調的影響。所以，它是我的自我修養、職業訓練和義務感的阻礙；是一股可以毀己的、欺人的力量，它讓我的生活關係不再依賴我的真實特質的純潔美好。

各種生活，各種教學或教育，生活中運用受過訓練的能力和才能，只要其自身帶有諸如教育和活動之間、我們人類的真實特質、我們的關係和我們的義務之間不同的種子，都應該受到所有將自己子女的終生心安理得的放在心上的父母的防範。因為我們一定要在這種錯誤中將那些罪惡多端的、無稽的偽啟蒙的和悲慘的偽變革的根源找出來，不管是在教學中，還是在受過教育和未受過教育的公民的生活中，這兩者都占有了一席之地。

顯而易見的是，我們一定要特別注意按照符合心理學的方式，讓我們的行為能力獲得發展和培養，也要特別注意進

行心理訓練來培養認知能力。而這種培養我們認知能力的心理訓練，要以初步的直覺作為基礎，它一定要用這個基本線索來對兒童進行引導，讓他們獲得最純正的明確概念。德行的感覺基礎是行為，培養這種行為，我們一定要探索一套初步教學方法，以發展這種能力，並在這個過程中來探索感覺培養，也就是對我們人類履行人生義務所需要的那些能力和行動的身體靈活性的培養。我們一定要將我們人類的人生義務當作德性培育所裡的牽引帶，一直到這種訓練讓感覺高尚，再也不需要這個牽引帶，才可以停止。

有了這種方法，一種適合於人類的、適合於那些培養履行人生義務而需要的實踐能力的普通教育就有了發展的可能性。就像智力教育要從完整的感覺印象開始，發展到明晰的概念，進而用語言表達這些概念和為這些概念下定義一樣，這種普通教育要從完整的行為能力開始，進而發展到對規律的認識。

因此，如同定義先於感覺印象會讓人們自以為是的高談闊論一番一樣，對德性和信仰的口頭說教，如果比生動的感覺印象的現實早，人們就會被引入歧途，導致混亂。不可否認的是，這些混亂不清的自以為是的基礎是褻瀆和不潔，深藏於所有的想當然裡面，一般會導致德行較好的信徒做出自以為是的惡劣行為。我還以為，早期的德行感覺培養上的缺

第一章　葛篤德如何教育他的子女

陷和早期的認知感覺培養上的缺陷會產生同樣的後果（在這一點上，經驗的說服力更強，這樣是必然的）。

不過，我覺得自己剛剛開始接觸一個更大的問題，它遠比我自以為已經得到解決的那個問題大。這個問題就是：

一個自具本性的孩子，他所處的環境和關係不是一成不變的，而是變化不定的，因此，他需要受到什麼樣的訓練，才可以在他生活的進程中輕鬆的滿足需求、履行義務呢？而這些又是怎樣在可能的情況下，成為他的第二本性呢？

我看到了一項剛剛開始的工作，就是將穿著童裝的小女孩，培養成令人稱道的妻子、丈夫的賢內助、善良、出色、能幹的賢妻良母；將身穿童裝的小男孩培養成為令人稱道的丈夫、強有力的、對他的妻兒盡職盡責的父親。

這工作是多麼的了不起啊，我的朋友！這種工作試圖將兒童未來的職責精神培養成人類下一代的第二本性！還有一點更為重要，那就是，要在追求物質欲望侵襲到血脈以致使德性和才智無法發展前，將可以促進發展德性和才智的心理氣質的感覺方式融入到他們的血脈裡。

朋友！這個問題也得到了解決。發展我的認知的感覺基礎的自然機制法則，同樣也是促使我培養德行的感覺方式。不過親愛的朋友，現在我無法就這個問題如何解決進行詳談，下次再說吧。

第二章
見解與經驗

第三封信：論理想中的人

　　要想根據經驗來確定良好教育的本質，你就需要在生活的各種現實中對人進行觀察，尋找那些在勞動和吃苦中看起來比別人更加突出的人，也就是他應該成為的人。但是，如果你聽到有人提起一個在場的人時這樣說：「我多麼希望每個人都能像他那樣。」你就一定要記住，他的在場就對那些當面說他好話的人的心理產生了影響。如果你聽到這樣的話，是在一個人死了，那些在他的墓旁為他垂淚悲痛的人——兒童、老人和貧窮的百姓——裡有人說的，那麼你就可以相信。

　　當然，可能會有很多的人這時會說：「我們從來沒有聽過任何人這樣讚揚人。人不會這樣談論別人，即使對那些為數不多但值得讚揚的人也沒有這樣說。」對於這樣的說法，我的回答是：「難道就沒有貧窮的百姓為了一個人的死而垂淚的事情嗎？難道就沒有一個人死了，在他的墓旁，對他了解的老人、愛他的喪偶者、尊敬他的孤兒還有和他一起生活過的鄰居聲淚俱下的說：『要是再有一個像他那樣的人就好了！要是每個人都能像他那樣就好了！』」

　　你說：「最好的、最高尚的人去世了，常常被人們誤解，或者歪曲。」誠然，那也只能讓那些誤解或者歪曲了死者的

朋友們覺得不安。我們不必理會那些吃這種苦頭的人，因為他們並不是我們所關心的。那些人活著的時候高貴，死了卻遭人誹謗，他們的生活和一般人不一樣。他們享盡了人世間的榮華富貴，也飽嘗了辛酸，不是一般人所能比了的。但是他們並不是典型的，我們沒有必要去理會。

還有一些人，雖然沒有那些不同凡響的閱歷，但是生生死死，最終進入墳墓時，是帶著這樣的評論：「他們曾經是所有夥伴的榜樣。」

在市井之間你是不會見到這些人，只能在安寧平靜的村落找到他們。有的人一生飽經坎坷，有些人則一生身居高位。我的意思並不是這些人不曾有過這樣的評論，而是說他們純潔的人生和他們的社會連結的真正意義被他們身後的芸芸眾生給湮沒了，就是在他們健在的時候也是這樣。

誠然，在卑微的村落裡想找到這樣一個人是很難的 —— 人們既對他的一生比較了，而又讚譽他；但是如果你去這樣的村落裡尋找這樣的人，如果你自己具有這樣的素養，一眼就能將這樣的人認出來，那麼你的力氣就不會白費。在你從未想像到的很多地方，你會聽到這樣的話：「這是一個男人，或一個女人，所有的人都應該這樣！」

請相信這番話，它不能將你引入歧途。如果你希望自己的子女能夠得到這樣的讚譽，那麼這番話可以成為你教育子

女的指南。但是你不能就此停步。請去找說過這些話的人裡面，最年長的、最可信賴的人，問問他人們這樣讚揚的人究竟是怎樣的人。

他一定會說：「他是一個這樣的人：他的心地善良、聰明智慧、盡職盡責，人們完全可以信賴。」他還會這樣說：「這樣的人在判斷、評議人物的時候，在處理事務的時候展現出了老練的、完美的智慧；他仁愛、堅定、有力；他可以盡其才能；他在活動中表現得機敏沉著，確保無論什麼情況都能獲得成功。」

那些只有一孔之見的人，只有一隅之得，是無法得到普通人這樣盡善盡美的讚揚。不，這些詞語不會用在對那些雖然接受了高等教育、聰明過人卻非常自私自利的人讚美上的，父老兄弟們的疾苦都無法將這種人的愛憐和同情激發出來。有一種人，他們擁有天使一般的心腸，在同伴們受苦受難時，他們能夠做出最大的自我犧牲，但是在智慧上有些不足，助人無方，他的左鄰右舍、親朋好友也不會對他說這些讚揚的話。就像你也不會聽到讚揚另一種人的一樣，這種人在工作的時候做到了幹練、可靠、兢兢業業，可以稱得上楷模，但是對生活中的其他方面，他則沒有做到盡職盡責、忠心耿耿，或者表現得貪婪自私、無情無義，只知道為自己聚斂財富。

　　沒有受過損害的人性，會本能的用這些話去讚美那種集動機純潔、遠見卓識、策略高超於一身的人；讚美那種已經掌握了一切人類特有的才華和能力的人，那種不斷的將這些才華和能力用在其生活上各種連結的人。

　　那麼，對那種雖然沒有做到各種美德的和諧統一，但是在某一方面來說，在世人中又是十分突出的，或者說他的生活只有某一方面值得讚揚的人，又應該怎樣評價呢？對於這樣的人，人們會這樣評價說：「他的頭腦真聰明」，「他的心地善良」，「他在工作裡是傑出的」；但是他們不會說：「每個人都應該像他這樣。」

　　如果你真的遇到這樣的情況，請不要知道他是什麼樣的人就滿足了，你應該深究下去。他是怎樣成為這種人的？那些和他一起經歷了青年時代的老人總會給出這樣的回答：「父親、母親和家庭的環境與條件，以各種方式將他的身上接受和熱愛優秀特質的能力喚醒並予以培養。他的社會環境還有他的國家，為他提供了將這些優秀特質進行實踐的、更廣闊的天地。」

　　如果你能聽到他講話，那該有多好！如果他能從墳墓裡爬起來，他就將他所受教育的本質特徵告訴你，其宗旨不只是或者說不主要是在智慧上的收穫，或者只是培養道德品格，或者為將來的工作做準備，而是對他進行精心的培養，

讓他在所有這些方面都獲得發展。他會和你說哪些環境讓他的心嚮往更高尚的事業，讓他在為實現其畢生的最終目標而爭鬥的工作中，獲得身心上的輕鬆愉快。他會和你說，他接受的教育是全面關心他的教育，他的努力是如何讓這種教育在他身上發揮作用的；他的努力和收穫是怎樣協調的得到反映的；以及這些努力與收穫又是怎樣變成了他的幸福之源，怎樣始終如一的啟迪他感激和熱愛人類；對人類的感激、熱愛之情，又是怎樣持續的為他的生活增加幸福，讓他越來越能夠得心應手的履行他的職責，從而成為他應該成為的那種人。

第四封信：什麼是理所當然的

　　朋友，在擁有高尚品德的人的墓旁，合適的全面評價是以高度的良知為基礎的，是將人作為一個獨立的整體來評價的，而且他只有具有正確的、全面的標準，他的價值才是毋庸置疑的。用下面的哲學語言來表述促使正直的人評價高尚的生命剛剛結束的人的心情，是比較清楚的：「除非教育讓人比不受教育更壞，否則就一定要將受教育者視為一個可靠的人，對其進行培養，讓他的本性具有的各種要素和力量可以協調的變成行

動，並在他為人處事的一切場合都是一樣的有效。」

一切從哲學的高度來對人類的本性進行調查的人，最後都被迫承認，教育的唯一目的，就是要讓那些構成其人格的才能和素養獲得協調的發展。這樣的調查者都會意識到，人不會成為他應該成為的人，除非給予他生命的人和那些他給予了他們生命的人為他作證，除非那些和他的關係算是十分密切的人 —— 他的父老鄉親、左鄰右舍，特別他們之中的那些比較貧困的、受壓迫的人 —— 證明「他是一個無論是智慧、心腸，還是職業技能，都值得信賴的人。他的判斷證明他具有深刻的洞察力，他的評價、承諾以及幫助表現了他那堅定不屈、拚盡全力的堅強性格。無論什麼時候，他都會對別人表示同情，表現出他充分的理性、永恆的慈悲心腸以及高尚的情懷，這些都不會為無謂的犧牲動搖。高尚的理想、富有教養的智慧、訓練有素的工作能力，讓他在任何事情上都表現得出類拔萃，總是獲得自己和別人都滿意的結果，所以他總被大家當作榜樣，為人們所欣賞和愛戴。」

不管是哲學家還是普通人，他們都將行為視為樹上正在成熟的果實，讓孩子的內心世界達到完美的境地就是他們的目的。他們希望孩子可以成為大自然賦予他可以而且應該成為的人，他們首先一定這樣問自己：「首先，孩子自身都具備什麼？第二，作用在孩子身上的環境與條件是怎樣的？環境

與條件是自然對人類進行教育的工具，我們可以從中學到教育的各項原則。」

　　第二個問題的答案由第一個問題的答案決定。我們先來看一下這兩方面。顯然，情感、思維和其行為的先天素養還有來自外界的刺激，都是大自然所必需的，這裡大自然也將我們應當用來指導教育的那些基本原則指了出來。

　　人們所做的所有事情，文明的所有進展，都是情感、行為還有外界刺激情感和行為兩者的產物。所以，人的生活以及整個人類的生活，都無非是這些因素和它們的相互作用的經常性的呈現而已。再深入的考慮這些因素，顯然，所有好的東西、所有神聖和高尚的東西、所有對人身和諧完美有幫助的東西，都出自一個中心力量，是它根據人的內在神聖的崇高理想來對這些因素進行調節、引導、激勵和限制的。

　　在人類所有的情感中，孩子身上的愛的感情將這種理想清楚的表達了出來。所以，如果要讓情感和理想保持和諧，愛是一切其他感情都應該從屬的核心力量。同樣的道理，智力活動和愛一起也是核心力量，它將人類活動的理想清楚的表達了出來。如果我們能充分、和諧的發展先天素養，一定能讓完整的本性更加高尚，這是毫無疑問的。人的其他所有活動都要受其指導和激勵。孩子身上的這種愛、這種智力活動構成了共同的、確實的、無法改變的起點，各種天賦才能

都是以此為起點開始發展的。

將孩子培養成他應該成為的人，要在孩子身上積極的培養仁愛和展開全面的智力活動，並最終讓這兩者實現統一和諧，這是唯一的辦法。

人類因為可以提升自己，其任務就在於將自己提升到比現實生活更具有美的魅力，因此，人類完成自身的使命，愛和活動的統一是最好的方法。

人不斷的對自己進行完善，讓其可以完成自身的崇高的使命，可以執行自己的職責，因為他的人性讓他嚮往崇高的目標。這些目標以愛作為泉源，以活動作為基礎，以自由作為聯盟。

第五封信：家庭生活的教育方面

我們在孩子的環境中，發現了一種和對愛和活動的內在素養相對應的，由刺激和力量構成的神聖機制，透過愛和活動，這些刺激和力量讓孩子的天生才能充滿活力，實現自我的發展。

我們情感中和行為中的所有神聖和令人向上的東西，都是源自於愛和我們精神本性的更高階的活動，同樣，外界環

境當中所有神聖的、有用的、鼓勵上進的東西，肯定能在孩子的父母和親屬身上找到。但是，這種核心力量和孩子的更廣泛的環境存在積極的關聯，讓它的影響更加高尚與高階。

所有使孩子的身心健康成長的東西，都是以父母的教育為外在泉源，其內在泉源則在孩子的自身當中。後者與前者是不可分割的關係，後者依賴前者。

所有，有些孩子沒有了父母，那些充當他們的父母角色的人，一定要用父母的精神對孩子進行教育，他們實際上並不是父母，但應該努力做到像父母。

孩子即使無法得到父母式的關心，父母這個概念在教育中也應該占據一定的地位。如果我們正確的將父母的關懷視為影響人類成長的最主要因素，那就一定要借助政府，在教育體系裡引入父母的關懷，否則即使上了學，即使是衣食無憂，孤兒還是缺少真正教育的最基本的「外在」泉源。

不過如果孩子享受到了父母式的給予的一切，就算是由陌生人給予的，由陌生人撫養大的，他也是接受了愛的印象，他也會反過來去愛別人。他一樣擁有感激之情，他就是值得信賴的，他天性裡的高尚因素就會被激發出來，轉化為行動。所以，失去的親生父母，在某種程度上是可能由他人替代的。

父母關心的聖潔方面讓環境影響本身具有精神價值，所

以有助於發展更高階的智力和情感生活。

所以，如果孩子吃的每塊麵包都是母親給的，那麼對他的影響，和他從街上找到的或者陌生人給的就完全不一樣。母親當著他的面織好的毛線襪子，和他在商店裡買的或者不知道是哪裡的襪子相比，對他的教育意義會更為深刻。由母愛所產生的歡樂，會讓孩子產生更高階的、不可磨滅的內心世界。這種刺激會將孩子的整個心靈喚醒，讓他也報之以愛、信任、感激，以及和這些感情密切相關的活動。

人的先天傾向在家庭生活的作用和反作用中獲得了發展。

家庭生活的黏結力即愛的黏結力，用來將個人愛的能力喚醒的方式。以最純潔的形式出現的家庭影響，就是最高尚的因素，人類教育中所能想像到的。

在有愛和愛的能力的家庭環境中，可以斷定，無論是哪種形式的教育，都會產生結果的。孩子一定會朝著好的方向發展。幾乎可以肯定，無論什麼時候，孩子如果出現不友愛、沒朝氣、不活潑的表現，那是因為他還沒有形成愛的能力，還沒有在家庭中獲得應有的扶持和引導。

一個時時刻刻都得到來自愛的一切美好的生活薰陶的孩子，在生活中他對愛的反應能力，就會一直在增長。受到這樣親切引導的他會變得更成熟，更會照顧自己，同時，他就

主動開始滿足雙親的需求。所以，已經在他身上喚醒的愛喚醒了他為父母的需求而服務的行動。他自己的愛在各種環境裡面表現了出來。在家庭生活中，工作和仁愛、順從和努力、感激和勤奮相互交融在一起，並透過彼此之間的作用培養誠實和朝氣。

　　一個人透過由他和他的愛所喚起的內心或外部活動，對他所愛的目標展開不遺餘力的追求，於是就養成了和其活動相協調的智慧活力。愛幫助我們將智力和良心付諸我們的所有行動，於是就可以得到那些在我們的見識和仁愛看來，是值得我們努力追求的東西。

　　一種教育的成功，是完全建立在孩子們是有父母的，以及父母們是愛的神聖和出自愛的高尚的人類活動的人格化這樣的設想之上的。這種教育有一個前提，那就是父親和母親可以清楚的從他們對其孩子之外的整個世界的態度中來區分他們對孩子的態度，並且將後者放在其他所有事情之上。這種教育需要有這樣的父母：對他們而言，世界是無法和他們的孩子相比的。這種教育還有一個預先的假定，人們——不管他們是國王還是村野匹夫——對世界的任何要求都可以置之不顧，如果這些要求和孩子的正當要求相悖的話；下面這段話，人們已經充分認識其真理性，「如果我獲得整個世界的代價是我的孩子，那麼會是什麼樣的補償呢？」

　　這種教育需要有這樣的父母：在一定程度上，他們可以控制孩子的所有環境，將一切不適當的影響排除；另一方面，他們又能充分的利用特定環境，尋找到那種可以激發孩子的愛和活動的動力，他們富有耐力，不怕困難，甚至為此做出自我犧牲也在所不惜。

　　這樣的父母是我們所需要的。他們有決心也有能力，成為自己的孩子所需要的父母。如果我們沒有追求這些首要原則，那麼改善人類將是一種奢談。我們只有在這裡才會找到這些原則。

　　那些揭示了人性奧祕的書，只有那些為關心自己的孩子，享有最純潔的父母之情的人才能看懂。

　　作為父母，他們的生命和靈魂就在於看到當愛充滿了孩子們的內心時，他們的眼裡放射出興奮的光芒。看見躺在自己懷裡的孩子平和的表情，他們就充滿孩子還無法了解含義的信心，這就是父母的生活的願望。也是他們歡樂和最大滿足感的來源。從孩子的目光裡可以看到他的感激之情和幼稚的對父母的依賴，看到孩子用各式各樣的方式表示出世界上再沒有別的人、別的東西可以和父母所喚起的歡樂相比時，父母就會開心極了。

　　當父母看到他們天真無邪的孩子自覺自願的、興高采烈的做著他們想讓他做的事時，同時，當父母們看到孩子沒有

出現他們不想讓他做的事時，父母們最神聖的感情就被打動了。

　　在自己的孩子身上看到這些神聖的跡象 —— 愛的歡樂、感激獲得幸福、安定的信心 —— 已經從順從的依賴發展為發自天真純樸的心靈時，父母們的內心是多麼的感動啊！對父母來說，從這種精神的高度對孩子的生活和幸福進行觀察是勝過他們的自身。在這種感情的鼓舞下，父母會感覺有一股無法抗拒的力量，在讓他們將全身心都投入到孩子身上 —— 他們應該是這樣的 —— 果斷的採取所有的必要措施，讓孩子身上的神聖因素一直是純潔的，讓孩子獲得充分的、蓬勃的發展。

　　孩子身上的神聖因素是從他的生命深處來。他被世界上的不健康的東西直接包圍，他需要養料，需要溫暖，需要保護，需要寬容的耐心，就像世界上最嬌嫩的植物一樣，這些他都可以在父母的慈愛和保護中找到。孩子在這些影響成長、成熟，成為愛和力量的展現，並作為父母自身的愛和活力的反映，站在父母的面前。那麼就是你的孩子擁有了你那樣的感情、希望還有行為時，你們父母的力量是多麼的偉大啊！

　　神聖的力量可以在孩子的身上培養出所有優良的、高尚的東西，並透過耐心，透過關懷這些神聖美德，讓孩子成

長、成熟。應該謹慎的指導我們的感覺天性，並且還要保持它的限度。對我們的發展來說，感覺天性雖然是一個基本的因素，但是也可能容易因過度使用而產生消極的影響，所以，也需要使用我們最完善的指導能力。只要具備了這樣的能力，你就能夠實現理想教育的最高目標；你就能夠讓孩子始終天真無邪，還不損害他的愛，不損害他那孩子氣式的直率。你的愛越是能夠堅定的阻止他滑向腐敗和錯誤，你就越是能夠得到他的信心裡面最神聖的東西，就越是能讓他和你心心相印。

當他的感覺本性與他的更好的自我本質開始爭鬥的時候，你就已經將他的身上的良知喚醒了，你的堅定性和你的愛撫的目的是同一個，讓他自身激發起一種抗拒的力量，並將他自己的力量結合和你的力量，共同促進他自己的進步。

一種教育以理想的家庭生活還有父母的力量為基礎，不左不右，穩步的追求最美好的路線，那些橫在引導孩子通往更高階生活的、狹窄但又唯一的道路上的種種障礙一一得以克服 ── 我發現在我所處在的這個世界上，這樣的父母實在太少。

囿於聲色、自私自利生活的世界，用壓力來控制人們，不斷的掀起反對愛的生活、反對真理、反對他們更高尚的本性的戰爭。父親母親們也是屬於這個世界的。在他們身上，

在他們的環境限制和奢侈的生活中 —— 在城市生活表面的虛偽中，在越來越威脅人性中真正高尚的東西的虛假文雅中 —— 在所有這些東西中，有許多的勢力將人的心智搞亂，將人的愛破壞，讓人的精力窒息，將人的感情褻瀆。這麼多的東西直接對抗更高尚的本性，而兒童的真正的教育，卻是由更高尚的本性決定的，所以人們在這一方面走入歧途就不足為奇了。令人驚奇的是，人類並沒有因此陷入消沉，而是始終都在努力的追求內心世界的進步，並仍將愛和愛的活動視為提升自身的唯一方法。

　　不能喪失我們人類教育的這一唯一的真實基礎的追求和認識。最優秀的人們，不管他們是身居陋室的，還是頭戴王冠的，總是在各種情況下，視他們自己的父母之心為最偉大的、最高尚的。教育中所有好的方面和這種父母之心始終是結合在一起的，儘管有可能會被世界的腐敗限制和貶低。這種腐敗當然會對普遍享有這種神聖的東西進行阻礙，並且會對個人在家庭生活中獲得它的努力形成干擾，甚至於把這種努力引入歧途。

第六封信：其他社會關係的教育價值

除了父母和孩子和父母之間存在的親屬關係之外，孩子和別人的關係構成了孩子的情感和活動發展裡面最重要的、最值得讚揚的因素。

從他在襁褓之中起，孩子的人際關係就在他力所能及的範圍和很多方面開始發生，而且接觸點越來越多。對於父母來說，他是子女，對於兄弟姐妹來說，他是兄弟姐妹，他還是親戚的親戚；對他的父母的鄰居來說，他是他們鄰居的孩子；他還是他父母所在的那個鄉村或城鎮的成員。

但是，在這些人開始影響他很久之前，他對這些關係並不了解，這些關係在他發展的不同階段用不一樣的方式為他留下印象。他一開始只會意識到那些在他周圍滿足他的需求的人，大自然的規律就是這樣的。這種觀點因為嬰兒的需求和他周圍環境的特性具有了權威性。嬰兒沒有自理能力，要求從各方面得到幫助。必須要有人過來幫助他，父親、母親和別的人來到他的搖籃旁，都是為了照顧他。誰走近他，誰就忙著照顧他，逗他玩，為他提供幫助。

所以，這時孩子明白了周圍的人就是那些照顧他、幫助他、讓他高興的人。除此以外，他不懂得他和人類社會的別

的關係。

但是，這種有限的孩提認知並不能長久，因為引發這些認知的事情本身就是暫時的。他必須學會從別的觀點出發來認識和他有關的人，他必須要認真的進行思考；他必須要明白從他們那裡他希望什麼、期待什麼、害怕什麼。

大自然從來都沒有偏見，她從來都不會在認識真理的道路上設置障礙。她像慈母一樣，對那些還不具備自理能力的孩子進行安慰，讓他形成對他和別人的關係的初步認知；然後又開擴他的眼界，像一位明智的父親那樣，讓他認知到這種關係是可以利用的，因此成長和壯大。孩子們漸漸的學會了將各式各樣的人從在他沒有自理能力的嬰兒時代的那些關係中區分開來。

如果到現在為止，他已經能認知到詹姆斯和約翰都是照顧、幫助過他的人，還和他一起玩過，他現在還能進行進一步的區分，詹姆斯是他父親的兄弟，而約翰是他父親的傭人。他開始能夠將父母稱為祖母的老太太，和來求助父母的老鄰居區分開。他開始將他父母笑臉相迎的人，和見了就發愁、退避三舍的人區分開。人們的這些存在和行為，在孩子面前越來越顯示出和孩提時從各個方面曾頻頻給予他的關心和幫助不一樣的特點。現在他也發現了，即使是母親，在世界上的存在也不完全是以他為轉移的，她經常忙得無法照顧

他。他見的人越多，就會發現人們與他的關係越疏遠；他越是用這樣的關係來看待他們，他們看起來就越顯得疏遠。和陌生的人相比，他熟悉的人的圈子越來越小。一開始，他看到他周圍的人都忙著照顧他、幫助他，逗他開心；而現在他看到所有的人更多的都在忙著別的事情。他看到一部分人不願意搭理他，一些人因為自身的懦弱，而無法照顧他，而相反的在他能夠為這些人提供幫助的時候，他們就接受了。簡而言之，他很快就認知到了，生活是混亂的。

他自己現在逐漸的用不到別人照料了，而在過去，如果離開了這些照顧，他是無法生存的，更別提歡樂了。在過去，他需要什麼東西，得由別人幫他拿來，現在他可以自己去取了。他為能夠自己動手而感到高興。他看到每個人都在盡自己所有的力量來照顧他們自己，他那剛被喚醒不久的認知有力的激勵著他也自己照顧自己。隨著能力的增長，最初的關於人們與他的關係的觀念不見了，同時，他在強有力的和適當的激勵引導下，產生了愛和愛的活動，愛和愛的活動曾經在他那天真無邪的早期歲月裡為他帶來過無限的歡樂。

他的父母不再笑咪咪的看他，也不再為了讓他的眼裡或臉上浮現出愛意，而帶著他四處轉。現在，當他抱著自己小妹妹、對著她微笑，就像母親對著他微笑時，這種愛的表情就浮現在他的臉上。在過去，對他而言，父母就是一切，而

現在，在父母的心中他已經占據一定的分量了。隨著他成為討人喜歡的助手，他在父母心中的分量就越來越重。

當他發現自己的感情活動範圍在不斷擴大時，他就逐漸的成熟、自信了。他開始在自己的內心生活還有外部生活中有意識的獨立於父母，他的原則漸漸明朗起來，活動的範圍也越來越大。

當他意識到這種力量和這種愛的魅力時，這種魅力就從兩個方面得到了增長。首先是透過天賦的人類同情心；其次透過公民生活的外部連結。利用這兩個方式，他從嬰兒時的無憂無慮，上升到複雜的生活賦予他的最高也是最複雜的狀態。在他擴大了的職責中，他被這同樣的愛激勵著，這種愛在嬰兒時代家庭生活的狹窄範圍內就表現出來了。他在早期所受到的培養而發展起來的力量的純潔性引導下，擔負起大家庭裡面兄弟或姐妹的角色。在擔任這個角色中，他也以孩提時在家中所表現出的同樣崇高的心靈和人道主義精神來盡全力做好自己的事情。

存在於他頭腦裡和內心裡的一個欲望，就是將一切好的、高尚的東西分享給這個大家庭。這是他的一個目標，也是一種享受。他早期的家庭教育已經讓他適應了這一概念。他的關於人類父親的觀念也在擴大。現在，作為所有人的兄弟，作為窮人的父親，他的新地位讓他的愛得到不斷的更

新，他的活動能力不斷的增強。這是他獲得進一步發展的新動力。

第七封信：和自然相互作用的教育價值

下面就要進一步講到整個自然界。所有有生命的和沒有生命的東西，所有作用在兒童感官上的東西，這是我們現在描述的這個過程裡的第三大要素。

最初的時候，在兒童看來，整個人類存在的目的，純粹就是照顧他們、為他們提供幫助。同樣，環境中的所有別的東西，最初只是在滿足孩子們的需求的時候，才會影響到他們。漸漸的，他們從一開始有限的看法，發展到一種和他的需求和欲望沒有關係的看法。在他看來，世界上的所有的客體，都是在他不熟悉的其他條件下，將它們自身的本質表現出來。清水止渴，麵包充飢，葡萄、梨子、櫻桃等僅僅是好吃 —— 所有這些都讓孩子極為感興趣，然後才會想到麵包是用植物產品製成的，水屬於地球上的一種液體，梨、櫻桃、葡萄都是喬木和灌木的果實。他的慈母先是為他穿上了亞麻織成的衣服，然後才讓他看見了生長著的亞麻；他是先熟悉了鞋子，然後才知道鞋子是用動物皮製成的。他先是睡在羊

毛被裡，然後才知道了被子是用羊毛編織而成的，羊毛是在羊的身上剪下來的。

這種情況和之前的情況相同，是不會持久的。和之前說到的人們和孩子的關係類似，別的物體對孩子的意義，很快就超過了只是滿足他的需求、供其享樂的範圍。

他現在看到羊身上的毛和他蓋的被子一點關係都沒有；他看到了亞麻、玉米還有皮革，這些東西和他穿的衣服、吃的麵包還有穿的鞋，甚至和讓他看到了這些東西的母親，也都沒有任何關係。這樣，世界的各個方面日益擴大的在他的面前展現出來，一切物體都更多的以它們真正的本性而表現出來，但以相似的面貌表現出來的很少。

當孩子還無法自理時，他曾從母親的懷抱那裡獲得了必要的保護，現在他從母親的懷抱離開了，投入到了深不可測的、他母親無法控制的世界裡面之中。在這裡，他受到了數不清的新事物的影響，對事物的興趣也越來越濃。羊、雞、鴿，現在所有活的東西都會讓孩子高興，他對周圍所有的生命的信心都得到了增強。這讓他感到高興。把喜愛的、可以信賴的小動物放在母親的腿上，就可以讓他滿心歡樂了。他從晚飯裡挑出來一些好吃的東西，扔給了鴿子啄食，他去牧場尋找蘆葦和樹葉，那是羊愛吃的。乳臭未乾的孩子充滿了好奇心，興致勃勃的跟著父親和牧童去馬棚、到牧場、去牛

群或馬群那裡。大人們耕耘著土地，飼養著牛群，孩子總想去那裡，並喜歡幫點什麼忙。

孩子們為這些初步印象披上了一層神祕的、善意的色彩，世界被孩子們根據這種色彩描繪成充滿了幸福的生命。然而這種色彩逐漸的消失了。孩子看到熱呼呼的羊毛從羊的身上剪下來時，羊在瑟瑟發抖；牛是被逼著耕地的。牛用盡了自己的力氣，是因為他的父親牢牢的控制住了牠，父親的力量逼著牛做他要牠做的工作；他看到母親將從母牛那裡牽走牛犢，是希望一家人可以喝到更多的牛奶。

他看見美麗的玫瑰花上全都是刺，他看見空地上長滿了薊和其他沒什麼用的植物，他看到從田裡歸來的父親看起來很疲勞，汗流浹背，他看見，沒有讓大人們精疲力竭的勞動，田裡就會不會長出所需要的莊稼。

經驗讓他學到了更多的東西。經驗讓他知道了，有些動物非但不能帶給他們歡樂，反倒是會有死傷的威脅，有可能帶來極大的不幸。他看見他心愛的鴿子被老鷹叼走、殺死了；他看到在老鼠垂死時，殘酷的貓還要戲耍牠取樂，看見貂闖入了鴿籠，狐狸潛進雞窩，他看見他那十分忠誠、看來十分天真的狗追逐著可憐的兔子和小母鹿，並將其殺死；他看見那狗又咬又叫，一路上不斷的威嚇著牛羊，將其趕進屠宰場；他看到那狗覓跡尋蹤，把可憐的鳥趕出鳥巢，讓其被獵槍擊

中，或者被獵網捕獲。

　　但是，這些經歷並沒有將享受過母愛和人類同情心的孩子的愛扼殺。相反，強者加在弱者身上的殘酷力量，喚起了他身上的一股悄然有力的憤慨，認為人絕對不能像這些動物那樣。人不能乘機利用自己同胞中的弱者；不能像老鷹對鴿子，貓對老鼠，狗對兔子、鹿還有鳥那樣對待他們。有愛心的孩子，看到自己心愛的鴿子或者羊羔死在自己的面前，就會放聲痛哭：「啊！我的鴿子！」「啊！我的小羊羔！」他會邊哭，邊拍爸爸的手，這樣他的爸爸就會想辦法讓鴿籠不會再受鷹的襲擊，讓雞棚不會再受狐狸的侵犯。

　　這樣的孩子，他的父母已經在他的心靈裡深深的埋下了高尚的人類感情，他自身已經有了良好和文雅的傾向，大自然為他留下的每一個印象都讓他更加文雅。夕陽和朝霞，月亮和星星這些壯觀景象都會讓他感到歡樂；鮮豔的花朵和碩果累累的果樹都會讓他感到高興。一個人越高尚，他曾經享受過的母愛和人類的仁慈就越讓他高尚純潔，溫情脈脈，他為大自然的各種美景和幸福所喚起的愛和活動也就會越來越豐富。

　　但是無生命的大自然，也不是總在給予人美的享受，讓人受益。那些滋潤牧場的河水有時也會溢出河壩，將田地和村莊淹沒，沖走了人和牛，要了他和牠的命。沒有火，人就無法烹飪，寒霜降臨時，火可以讓你的臥室變得舒適——

但這種讓人受益的火也是可以毀壞城鎮和村莊。水從天而降，沒有了水，不管是草還是玉米、葡萄或者林木，都無法生長。但是水有時也會變成大冰雹，落在正在生長的玉米身上，將豐收的希望統統毀掉，將無辜的家庭可以維持一年的口糧全都奪走，父親曾經為了這點東西流下了辛勤的汗水。

但是，即使在自然界降災時（要厲害於自然界賜福時），她還是將孩子的愛和活動的傾向喚醒了，假如孩子享受過由母親的關懷和孩子間的愛所帶來的文雅高潔的影響的話。貧窮讓他流下了愛的眼淚。即使他平時不怎麼動感情，貧困也能夠讓他產生愛。

對於富家子弟而言，即使他有一個鐵石心腸的父親，即使他自己本質上是一個自私自利的人，但是在他看見周圍那些一無所有的窮孩子時，也會為他們掉眼淚。他會馬上跑回家去找他的母親要衣服，送給那些衣不蔽體的人，要食物，送給那些飢腸轆轆的人充飢。小男孩和年輕人，甚至是步履蹣跚的老人，看見鄰居的房子著火了，也會趕去幫忙；即使他們救不了火，也會送一些東西過去，幫助那些受災的人重建家園。

不過那種用愛培養起來的人，他越貧困，心裡的聖火燒得就越旺；遇到在這樣的情況，他的內心就會受到觸動，就會做出極大的努力。

　　土地被洪水淹了的人攜妻挈子的辛勤耕耘，好像奴隸一樣，想的是要彌補損失；被恐怖的風暴奪去了一年的口糧的寡婦，只能辛勤紡織，這樣她的嬰兒才不能被餓死，她的另外幾個孩子才能有飯吃，有衣穿，就像他的辛勤勞動果實沒有被這場嚴重的冰雹毀掉時他們所擁有的一樣。

　　所以，我們看見了，無生命的自然界不僅在其美麗和有益方面，而且作為一支破壞力量，在那些由母愛和人類同情心培養起來的因而能接受愛的感情的人們的心中，喚起愛和由愛而激發的活動。

　　探討環境在孩子身上產生的印象這個問題將會花費很多的時間。所以，我將追尋我走過的路，並且，出於透過敘述問題的反面來增進對我所說過的東西的理解，我會把注意力轉移到如果孩子沒有受到最初的自然界的恩惠（這種恩惠是幸福和滿意的生活的真正泉源）時，上述這些情況會帶來的那些結果上。

　　考慮一下那些沒有母親的關懷、沒有人類的同情的孩子吧，這一項最神聖的職責，他們的父母並沒有盡到。在世界的消極影響下，一個母親在大城市的上流社會中或者在鄉間城鎮的那些愚昧婦女群中也許是出眾的、有名望的，但她卻把自己的孩子給忽視了。鄉間的不幸、成千上萬人的貧困，讓那些放高利貸的人有利可圖。甚至那些父親拖住了母親，

讓她無法照顧嬰兒，這樣的話，他就不會失去世上那些令人陶醉的享樂了。當他已經有效的將他孩子的唯一幸福的泉源堵住時，他就會心煩意亂，會去四處尋求外部的那些效率極其低下的教育泉源。他會僱一位教師來代替父母，但是教師的主要缺陷，他們缺乏父母那種神聖的感情，也缺乏父母那種培養能力。這種能力實際上是極難找到的，在陌生人的身上找到純潔的這種力量在整個世界來說都是極其罕見的。假如父母無法做到這一點，那就只能僱用那些來作為親生父母的替身的人，那麼沒有希望把孩子在愛和由愛所產生的活動中撫養成人了。孩子從小就處在虛假和虛榮的包圍當中。

保姆即使沒有在生氣時打小孩，她也會站在窗邊，呼吸著吹進來的新鮮空氣，而根本不理睬她照顧的、正在哭鬧的小孩。即使是一個有良心的家庭教師，也必然沒有充分的時間待在一個這樣的家庭裡，在那裡忙忙碌碌的只有他自己，別的人都不用管小孩，都在盡情享受人間的生活。

在這樣的環境中培養小孩，將會獲得災難性的結果。在孩子的整個環境中，由於沒有了文化的原始基礎，孩子就無法找到能夠把他的高尚的感情帶進他那貧乏的生活的線索。孩子的發展過程中缺乏愛的性格，這是他的父母的過失。他那沒有愛的性格也越來越嚴重，他開始視其同類為驚恐和煩惱的泉源。同類的虛偽，淺薄的炫耀、偽善，陰謀交易，這

些都讓他自私自利、冷酷無情。他身上既沒有文明的舉止，也沒有高尚的品德。如果老鷹叼走了他的鴿子，餓狼把他的羊羔撕成了碎片，他也不會去拉著他爸爸的手，請他去對鴿籠和畜棚進行修理，讓在籠裡和棚裡的那些鳥畜身上不再發生類似的不幸。相反，他看到同伴受到苦難會幸災樂禍；看到狐狸、老鷹、獵犬還有貂去獵食其他動物會感到開心，因為對人類的生活，他的態度是漠不關心的。他已經不再有對反抗強者的弱者的同情；他開始認為弱者被凌辱、被踐踏是無法避免的。

隨著時間的推移，他的心漸漸被這些陰暗的思想影響得十分冷酷。如果爭鬥中有窮人死了，對沒有憐憫之心的人來說，和他又有什麼關係呢？誰叫死的這個可憐人是個小人物呢？別人踩在他的身上，誰叫他不反抗呢？怎麼能讓鷹不讓自己喝血呢？

整個世界以野蠻的偽裝出現在愛心沒有被父母喚醒的孩子面前。這樣的孩子雖然也可能假裝愛人，但是做不到真正的愛人的。

但是愛的本質是每個人都有的；只有那些缺乏愛的力量的人，才會冒險假裝愛人。假裝愛人，就是虛情假意的對人。沒有愛心的人都有著羞恥心的外表，她（羞恥心）將自己深深的藏在這種虛榮的帷幕後面。這種偽裝是其特有的，

很少公開露面。

可憐的女人對左鄰右舍都不理不睬，迫使不幸的孤兒從她的身旁離開，但是卻對某些愛畜懷有深深的感情；在晚餐桌上，國王的公主在勸說國王和主人把王國讓給她的心上人，就像其他婦女在給她寵愛的小狗一點食物那樣。從可憐的女人到公主，沒有愛撫的類型有很多種，不完全相同。

在這種人中間，高尚和有價值的人是被小人們嘲笑、瞧不起的。哪裡只要地方潛入了寵兒們，愛心就會消失。真正的愛會避開寵兒們的虛偽，憎恨他們的欺蒙。

孩子的母親為了自己華麗的外表，將其他的一切都忘記了，包括她的孩子。但是，不管是有生命的還是沒有生命的自然界，不管是蒼天或者是大地，都無法對孩子變得高潔和文雅構成影響。

蒼天和大地將像對他的母親那樣無法喚起對他的更多的愛。這樣的母親看重地球上屬於他的那一份，這並非為別人著想，而是只注重它對她無聊的虛榮生活會有哪些實際的影響。對這些人而言，自然界的各個方面都是腐敗的，或者是被歪曲了的。

如果純潔仁愛的妻子對躺在她的腿上、和她的孩子一併睡著的羊羔十分看重，這是因為在她的眼中，她可以透過自己的辛勤勞動，用羊身上的毛為她的孩子做成衣服；如果她

對她的牛十分看重，那是因為她可以每天用牛奶為她心愛的人補充營養；如果她的丈夫在農田裡揮汗如雨，那是為了自己和家庭能夠得到生活的必需品，還可以用他的農產品，去幫助哪些既沒有田地，也沒有牛羊的人；如果他的力量因為愛而倍增，他忘我的耕耘──這些事情都是無法滿足世界上的男男女女的。田裡茂盛的莊稼，葡萄園裡豐碩的果實，並不能將這些男女的內心愉悅喚醒，因為這些收成只能為那些飢餓的人提供食物，為那些精疲力盡的人、那些有孕在身的人、那些瀕臨死亡的人提供營養。這些人愉悅不過是因為良好的收成意味著這些農產品收成的盛況可以讓他們進行享受和炫耀。

那些沒有在愛的激勵下生活的人，時刻都有跌入這種狀態的危險。他的同伴不願意教導他們。有生命的自然界對他來說是死的，沒有生命的自然界又對他無能為力，上帝的世界肯定是無法滿足這種人的。他希望專門有一個世界，為他自己還有他幸運的同伴提供大量的財產，這是他們可能要透過欺騙和無阻礙的終生奮鬥才可以獲得的財富。

但是我們的世界並不像這樣。按照上帝的意志並且和人性的特徵相一致，健康的世界是建立在其他的基礎上的，而非這種腐朽的心靈可以掌握、猜想甚至相信的東西的基礎上的。有一個富人，就有數以千計的不幸的人。由此可以推

斷，這上千個人就會求助這一個人。對於這上千個人的要求來說，自私自利之心總是太小的、裝不下的，哪怕只有這一千個。這是真實的。對這種自私自利的人而言來說，這個世界是多麼的不幸啊！大自然界即使最高尚、最宏偉的物體的奇觀，也無法將他打動。如果太陽只是為他一人而升起的，如果他可以坐在太陽車裡越過地球，用車輪的火焰將一切那些不頂禮膜拜他的人都燒死，那麼他是會愛太陽的。如果他可以把月亮和星星關進自己的帳篷，他也會同樣愛上月亮和星星的，並且只有他自己和它們在一起，他的睡眠將會是多麼的愉快啊！

附錄 3：關於鄉村教師

如果我們對國民教育這一主題進行考察，並首先考慮一下那些和窮人教育有關的所有機構，比如學校、孤兒院和工業學校等，顯而易見的是，普通學校的影響是最基本的、最普遍的，也是最深遠的。毫無疑問，普通學校可以決定了人未來生活的成敗。

如果教師富有智慧、仁愛和純樸精神，可以勝任他的工作，獲得了年輕人和老人的信任，在他眼裡，愛秩序和克己

第二章　見解與經驗

要比實際知識和學問更為重要和高尚，洞察力超強，可以看到孩子將來可能發展成怎樣的人，並將這個作為目標，指導自己的教育工作，教師如果可以做到這樣，他就會成為這個村莊的名副其實的父親，將那些最優秀的父母取代，當父母無法再教育孩子時，他將承擔起這一工作。這樣的教師可以、也一定會讓整個村莊的愛增加，對年輕人的力量、能力、思考方式和舉止進行培養，所以可以順應時代的要求，讓他的父輩身上和思想中的那些最聖潔最高尚的東西得到保持並發揚。這樣，這位教師就可以說是，為這個村莊的未來造了福。

相反，如果教師是一個徒有其表的人，是一個傲慢自負、自私自利的學究，信口開河的解釋因太深奧而無法解釋清楚的手藝；他的職業訓練不良，無法憑藉別的方法，而只能靠耍嘴皮子糊口；他孤芳自賞，瞧不起那些種地的農民，儘管他比那些最富裕的農民更能吃喝玩樂；在村裡，他產生的是破壞而不是好的作用，是一個惡人，對遠近的人危害都很大，消極的影響都很深遠，在這種教師那裡，孩子們就算可以透過滿意的方法學會說話、學會了閱讀和寫作，學會了解答千千萬萬個問題，但是這樣的教師的影響依然是負面的，這一點是毋庸置疑的。他無法替代父親的作用，也無法將自己的教學結合家庭早期的教養；相反，他用自己的生活

與行動，暗暗的對孩子已經養成的良好習慣和行為準則進行破壞，並以自己的偽善，來破壞大自然最神聖的連結。

孩子的父母可能是正直、靈巧、謙遜的，但是他們的孩子們卻成了愚笨和傲慢、不會思考的人，像他們的老師一樣。他們成了軟弱、貪婪、不幸的動物，和他們的老師一樣。所以在他的影響下，在未來的好多年裡，整個村子的道德風氣都在下降。村裡的所有壞事，都可以在學校找到肥沃的土壤，並三十倍、六十倍或上百倍的增加。選擇這樣的教師，便意味著帶來了所有邪惡的偶像。

無論在教師選擇、考試和學校組織上投入多少智慧和熱情，也無論獎勵多少學生，並怎樣安排功課，讓學生愛學習、愛學校，如果一個可以盡量的替代父母作用的教師，如果沒有鼓勵並培養一個年輕人來做這件事情的機會，如果甚至都沒有意識到鼓勵和培養一個挑這樣擔子的年輕人是一件好事的話，那麼就不會實現讓窮人的孩子受到適當的教育這個理想。相反，他們的所有不良品德就像暖房裡的植物一樣，得到培養並迅速成長，彷彿他們將來的成功十分依賴他們的速成教育。

有一件事被忽視了，也就是關於好老師的問題。如果一個地方沒有好教師，那麼這裡的整個教育活動，就像一個人眼中進了灰塵，不會看見自身的需求。所以，誰想要窮人擁

有最好形式的學校，誰首先就一定要保證人手的充足，這些人要可以勝任自己工作，能夠用以生活的智慧的洞察力和愛來對孩子進行培養，讓他們成長為當地生活中朝氣蓬勃、訓練有素的成員。

這種人並不會像落雪和下雨那樣是從天而降的。生活中最重要的事，就是當教師了，最困難的事，也是當教師。教育的才華只被大自然賦予了那些具有偉大智慧和慈愛胸懷的人。和在其他一切事業中一樣，在教育事業中，這些特殊的才華也是需要激勵、發展和訓練的。

目前，個人花費不定多少時間來保證其子弟可以能獲得足夠的技術或職業訓練，他們花的時間甚至要多於比君主或國家花的時間，因為毫無疑問，培養人是最重要的，也是最困難的。這種情況只要存在，就無法提供充分的國民教育，無法想像他們的學校可以成為應該成為的那樣 —— 也就是成為補充家庭教育優勢的工具，為懦弱的窮人提供幫助的工具，幫助他們糾正缺陷的工具。如果一個國家存在這種學校，會在生活各個領域都讓人性變得高尚。然而，擁有這種學校的國家，或者正在努力辦這種學校的國家在什麼地方呢？我們無法自欺欺人，事實是，還沒有任何一個國家已經做好了這種準備。不過我們也一定要承認，這是一件非常困難的事情，而且它的開頭是沒有多少把握的。

　　要想培養出好的教師，先要假定有一種與眾不同的人存在。我們的教師正努力將他們之中的人培養成為學者。乍一看，這一不同的種類彷彿是不存在的。但是，沒有這種人，只是因為尋找這些人的人既沒有什麼智慧，也沒有發現這種人所必不可少的特質。地球上的好東西，當人們輕蔑的談論起它，或者將它忽視的時候，是無法顯出它的價值的，但是用耶穌基督的話來說，「有追求就會有發現」。任何一個追求高尚和聖潔的東西的人，都是在用自己的熱忱來鼓勵別人；而你卻說找到極愛自己家鄉，並願意和窮人共患難的人是不可能的！去尋找他，你就會找到他，然而你自己一定要是願意幫助窮人的人。然後，你不用為在生活的各個領域中、在各種條件下找不到這種人而擔心，這種人飽含人性中類似的熱忱和愛，這種人有想法，並且也有能力成為世界所需要的那種教師。鼓動你的同鄉一起去尋找吧。不但可以找到教師，而且還會得到支持、尊敬、愛戴和僱用。只要這樣做了，我們就是克服了國家教育中那個看似不可戰勝的困難。

　　我一定要加上一點。這一運動不會來自教師本身。這一運動一定要是和他們完全獨立的，發端於國家自身的良好願望，發端於國家願意做這件事的整體傾向。如果不是這樣的，可能有很多可以培養成教師的人，但是國家對他們沒有興趣，他們可能遭到別人的誤解和冷落。和那些誤解他們的

人相比，他們是更加高尚和正直無私的。這個事實只是讓他們的處境更加困難。他們的工作變得極其低效，他們也會不再具有勇氣。

如果是反過來的情況，如果尋找年輕人的是有影響有價值的人，他們要將這些年輕人培養成教師，為他們提供支援和幫助，他們就可以改變世界。愛可以將苦難消除，教師的工作會成為人人關心的事，疑慮就會不復存在，對人性的信念也會恢復。父親和母親就會和教師合作，人類同仁的神聖紐帶就會無比牢固的交織在一起。孩子就會成為父母的歡樂，父母就和孩子成為朋友。

第三章
西元 1818 年對我校師生的演講

普遍對教育漠不關心

　　考慮到已經完成的和教育方法有關的調查研究，再將貧困的真正原因考慮進來，我深信我們的這部分世界還處在黑暗裡面，真理的陽光，還有象徵溫柔的愛的柔和目光都無法穿透這黑暗，照亮它。我很清楚自己現在要說的這些可能引起各式各樣的誤解，但是這也沒有辦法，因為我所抱怨的這種黑暗，已經成為我們生活、行動和賦予我們生命的一種要素。我這裡只打算談兩件事情：民眾教育、貧困的原因。我再一次強調，對於我所堅持的目標——給予這兩件事情正確的處理——這些災難性的浮誇境況是不利的，我們雖然身處黑暗當中，但是有不少事情我們能夠看得更加清楚，處理起來也會更加合情合理。整體而言，涉及到人的高等天性的東西被我們忽視了。這是千真萬確的。現存的錯誤已經達到了什麼程度是我們所不了解的。現在流行的觀點、偏見、欲望和風俗，無一例外的都對窮人和富人的心理傾向產生著影響。將這些傾向消除，那就意味著一場思想革命。怎樣掀起這場革命？誰會來講它呢？又有誰會來聽呢？現在普遍的就是漠不關心的態度。我們自己也被影響了。我們的熱情已經喪失殆盡。至於我，也對我們所處的這個時代麻木不仁了。這一世界已經不再是屬於我的了。民眾教育、人的教育和窮

人教育 —— 只有在更單純的社會中才有可能實現這些我夢寐以求的教育理想。但是我還是陶醉在我的夢中；我做著我的夢，以極大的熱情。更理想的、我夢寐以求的教育，讓我想起一棵栽在河邊的樹。那是一棵怎樣的樹呢？它的樹根、它的樹幹、它的粗枝、細枝還有它的果實，都是從什麼地方長出來的？你在地上種一粒極小的種子，樹的全部屬性都蘊藏在這粒種子中了。

種子是樹的精髓，它靠著自己的力量長成參天大樹。讓我們看一下它是怎樣從母親的土壤裡顯露出來的。在你還沒有看到它的時候，在它還不曾破土而出的時候，它就已經深深的扎下了根。隨著種子內在生命的顯露，它的外殼不見了。當種子開始發芽時，它自己就腐爛了。種子是在一邊生長，一邊消逝。它已經將生命力轉移到了根中，它已變成了一棵樹根。種子的能力轉化為根的能力。所以我們現在有了樹根。整棵樹包括掛滿果實的嫩枝，都是由它的樹根生長發育而來的。樹的所有生命，都無非是各種要素持續發展的結果，而這些要素早就已經存在於樹根裡面了……

各部分的多樣性中存在著根本的統一性

　　請留神注意樹的這些組成部分。它們數量雖然很多，但是並不混雜；它們各自獨立，和別的部分區別明顯。每個部分按照自己的規則生長，但都和整棵樹始終保持著連結。正是因為這種統一性，樹才得以完成自己的使命。樹的生長和人的成長是類似的。甚至在兒童還沒有降生的時候，就已經具備未來能力的萌芽了。在人的一生中，他的能力不斷發展，這和樹是一樣的情況。人的各種能力都是不一樣的，彼此獨立。一棵樹也是，彼此獨立的各個部分透過其機體生命的無形靈魂，以其天賦的有序的統一精神一起進行工作，以完成共同的任務，也就是生產果實。人也是一樣。天賦之愛將人的內在精神激發出來，賦予生命以統一性。他的各種能力協調工作，以實現一個共同的目的 —— 人格，它的內在本質並不依賴於軀體。在這方面發揮作用的是靈魂，軀體是無能為力的。但是，人的靈魂並沒有在他的任何一種能力之中表現出來，實際上被我們稱為「才華」的東西，根本無法揭示靈魂；靈魂既沒有存在於人的手中，也沒有存在於人的大腦裡。人所獨具的、顯示人的特性的力量 —— 人的本性的統一性的核心 —— 是他的信仰和他的愛。在信仰和愛的力量

下，人的知、行、智慧和行動的力量實現神聖的統一，讓一個人成為真正的人。

從人的教育的角度來看，對於人來說，人在信仰和愛的方面的能力和樹根對於樹的生長是一樣的。樹透過樹根從土壤中吸取各種養分，並運輸到樹的其他各個部分。人們必須看到，他們自身高等天性的根基保持了一種和此相同的力量。他們可以看到，有了溫暖的陽光，有了鬆軟而溼潤的土壤，樹根是怎樣促進樹木生長的，最終又是怎樣讓它完美無缺的立於它的同類之中，成為這個世界的一個傑作的。不過再從整體的角度考慮一下樹。如果樹根扎在的土壤是貧瘠而又堅硬的，那麼就會乾涸，樹也會因此死去；而如果將樹根移植到沼澤地或者其他肥沃過分的土壤裡，那麼它的吸收和消化能力也會承受過重的負擔，樹同樣會死去。

這些就是樹木有機體生長和死亡的根源與條件。現在，來看一下你們自己，你們的能力是如何獲得生命力的，也看一下導致了你們全部能力的衰敗和死亡的，又是那些原因。問一下你們自己，與樹木和它的有機體本性，在哪些方面是相同的，又在哪些方面是不同的。

樹無法自我幫助，人可以

　　你們的各種能力像樹的能力一樣，是彼此獨立的；正如樹的「靈魂」透過一個共同目標 —— 結出果實，將它的各種能力結合在一起一樣，你們也是同樣的情況。你們的任何一種能力都有其獨立的存在狀態，任何一種能力都是受它自身的法則制約，但是一切的能力，也是由一種內在的人類靈魂而結合在一起而形成的，為的是實現人類的共同目的。樹根中的有機體靈魂快速的吸收土壤中的養分並輸送到樹的各個部分，或者在土壤中迅速的枯萎或遭到了毒害。人類的有機體機制也是同樣的道理，也有一個根存在於它最深層的部分，整個人生的靈魂就寓於其中。人透過這個根，從軀體還有外部環境裡吸收生命的力量。但是也是從同樣的泉源中，透過同樣的途徑，產生了毒害我們身上真正的人性、最終導致枯萎的種種影響。但是，人類的機體和無生命的物體不一樣，也和動物和植物不一樣；人類的機體，這是一個感覺的框架，神聖的人類生命就存在於這個框架的裡面。人類生命的真正泉源以及人類善惡的真正泉源，都不是依附於人的軀體，而是從人類感覺的自我和感覺的環境中吸收過來的。它是自由的，它超越了一切肉體的羈絆。它利用了人體中存在的所有肉體生長的力量，和植物體中的力量一樣，植物是透

過園丁的技藝來吸收力量。當樹周圍的土壤出現了板結或者乾涸，園丁就會澆水來滋潤土地；他也完全可以對乾旱的土壤不管不顧，如果他願意的話，就這樣讓樹自然而然的死去。同樣如果樹木是生長在沼澤當中，園丁就會將沼澤中的水排出去，調節土壤的溼度，或者什麼都不做，聽任樹木自然而然的死去。不管是哪種做法，全由園丁的意願所決定。樹木屈從於沒有生命的自然界的影響，他的生命力量無法抵禦外界影響，而人身上存在的高等靈魂是自由的，能夠任其感覺的天性和感覺的環境來將自己毀滅，同時也能夠抵制和克服感覺的天性和感覺的環境。

人的意志是自由的

　　人的感覺的天性、遺傳傾向和世界環境對他的各種影響和人的真正天性的關係，和那些毒害樹根、讓樹根枯萎的堅硬土壤、石塊、岩石、滾燙的沙子和沼澤等因素和樹根的關係是一樣的。樹木被這些外部力量所擺布，樹木的生存被這些外部力量所威脅，而人的高等天性 —— 它讓人的多種活動具備了統一性和單一的目的性 —— 卻是自由的。

　　讓人們反省反省自己，看看他們是怎樣和自己、和同伴

和睦相處的吧。讓他們想一下，他們本來是能夠與信仰、仁愛、真理還有光明和睦相處的，本來是能夠和睦相處的，而環境又是怎樣逼著他們和這些東西作對的。觀察一下你們周圍的人們，再仔細的觀察一下你們自己，追溯一下人的成長過程。人在長大成人的過程中受到了鍛鍊和教育，內在的力量讓其得以生長發育。在處理一些事情的偶然境遇中，他得到了鍛鍊；他所受到的是什麼樣的教育，取決於同代人的方法和目的。人的肉體的生長遵循的是永恆不變的法則。人們受到的鍛鍊是偶然的，這由人所處的、不斷變化的環境所決定。他的教育是合乎道德的；只要意志自由可以將力量和才能顯示出來，教育就是人類意志自由的產物。

人是三個因素的產物

按照那種關於這些力量和才能是純粹生長的觀點，人是他自身永恆不變的法則的產物。而按照人的鍛鍊的觀點，人就是偶然境遇和互動的結果，機遇和互動對人的力量的自由和淨化有影響。按照人的教育的觀點，人是道德力量影響的結果，對人的自由和淨化產生影響的是道德力量。從本質上講，支配人的成長的法則是永恆的，讓人受到鍛鍊的影響是

感覺的和環境的東西。教育的影響從本質上來說，也是自由的、偶然的。

　　一定要將人們的鍛鍊和教育視為有助於我們內在能力傾向發展的影響。我們對環境的影響進行控制，讓其和支配人的能力生長的法則保持一致。教育上的努力也同樣要和其保持一致，但是，教育和鍛鍊的實施又都可能和其是相牴觸的。只有當這兩者和支配人成長的法則保持了一致時，人們的鍛鍊和教育才具備了它們本來意義上的價值。如果它們沒有保持一致，那麼人的天性就會被扭曲，就像植物被妨礙其各部分物質機制的外部力量扭曲了一樣。如果教育和鍛鍊和支配人的能力發展的法則不協調，和把人類所有力量統一到一個共同的目標中的人類意志的原始純潔性不協調，那麼人類天性發展的法則就會遭到種種外部力量的干擾，這樣的危害和對植物或動物的生長構成威脅的外部作用力量是一樣的。人身上的實際才能和知識是相互獨立的，不過在執行意志時，它們是永恆統一的。信仰和仁愛讓意志獲得了自由，有了這種自由，我們知和行的全部能力才會獲得引導，獲得發展，我們內在的人性才能得到充分的揭示，讓肉欲服從於仁愛、正義的要求。

　　生活已不再是過去那個純樸、直率的生活了。我們已經將古老的誠實精神喪失，是否能夠恢復？我們難以確定。我

們用嘴來對我們的祖先進行讚美，但是在我們的內心深處，我們卻和他們相距遙遠；我們的行為與他們不一樣，正如澳洲人的行為和我們的不一樣。我們已經將在他們視為必不可少的知識變成了大量、沒有價值的知識，將他們視為沒有用處的愚昧變成了必然的事情。他們那健康而積極的天生智慧沒有了，我們用沒有思想內容的空洞的語言形式取而代之 —— 文字符號吸走了健全的感覺裡的血液，就像野貂緊緊的抓住鴿子的脖子，吮吸牠的血液一樣。我們不再對我們的鄰居、我們的窮親戚、我們的同胞有所了解。相反的，我們閱讀報紙，了解宮廷、戲院和大都市裡的種種趣事軼聞，了解君王家族史，而且我們的政治和宗教觀點每天都在變，就像每天都換衣服一樣變。我們的祖先對他們的思考力的鍛鍊是既簡單又有力的；沒有誰費神去探求更高階、更難懂的真理。與此形成對比的是，我們懶得透過訓練思考力，好能夠在這方面能和先輩相比。正相反的是，我們卻學會了誇誇其談一大套玄奧抽象的東西。我們透過閱讀一些通俗報紙，來獲得高深研究的成果，所有人都在討論這些內容。在我們的祖先中，每個健全的人都至少努力做到對一件事情達到了解 —— 他的職業，並將這視為光榮的事情。而現在那些身居高位的人，靠的是他出身豪門。很多人為他們父輩的地位或職業感到羞恥，不再從事他們父輩的職業，反而非難別人的

工作，把自己的工作搞得一團糟。我們中間那種維繫公民地位的精神已經消失了。除了顯示我們已經知道了什麼、已經有了什麼以外，我們不再過問我們是什麼；我們賣力的炫耀著所有和所知，彷彿它們是用來賣的……

要想將所有這些人為虛設的遮蔽物清除，就要透過教育改革，教育改革和對窮人的關心是同一件事。但是，正確的教育是什麼樣的呢？它就像園丁的藝術，園丁照料著成千上萬棵樹木，讓它們生長、開花。對樹木的實際生長來說，園丁並不能有所作為，生長的原理還是來自於樹木本身。

園丁植樹，澆水，而讓樹增高的是樹自己。不是因為園丁鬆開了樹根，樹才能從土壤中吸收養分；也不是因為他將木髓和木頭、木頭和樹皮分割開來，樹才能讓從根部到頂端的嫩枝各個部分都得到充分的發展，讓各個部分聚攏到一起，構成一個永恆的統一體，最終生產出果實 —— 其生存的最終結果。園丁對於這一切是一無所為的。他所做的不過是澆灌了石頭般的、樹根無法深扎的乾涸土地，他不過是將積水排走，讓樹木不會被水淹，他不過是看護著樹木，讓樹根、樹幹或樹枝不致受到外部力量的傷害，將樹的各個部分結合起來、保證樹木健康生長的自然秩序不會受到干擾。教育者也是一樣。他並沒有傳授給人們任何能力。他既沒有為人們提供生命，也沒有提供呼吸。他只是看守著，防止人

們受到任何外部力量的傷害或干擾。他關照著人們，讓人們的發展沿著和其發展的法則保持一致的軌道前進。但是，他必須對人類心智的特殊構造有充分的認識，這一構造適合把人的各種能力結合在一起，以完成其最終的任務。他要明白大眾教育的正確方法一定要和人類能力發展所遵循的永恆法則保持一致，他還要明白，這些方法一定要對增強和淨化我們各種能力的、道德的、宗教的束縛有利。我們天性中的道德、智慧和實踐能力，一定要一如既往的來源於它們自身，並且服務於它們自身。信仰一定是要源自於信仰，而非源自於對被相信事物的了解。思想一定是要透過思考活動而產生的，而不是透過對所思考的問題或者對思考法則的認識。愛也一定是要由愛發展起來的，而不是來自對什麼是愛、什麼值得愛的討論。同樣，實踐能力一定是要來自實際操作，而不是對操作不厭其煩的討論；我們知道什麼和能夠做什麼由人的能力範圍決定，但是這種能力範圍一定是從屬於我們意志的高階法則的……

　　我根據我自己有起有落的經歷發現，無論兒童的社會地位是怎樣的，教育問題實際上都是相同的；教育並非是要將專門的知識或技能傳授給他們，而是要讓人類的基本能力獲得發展（人類的基本能力，當然對富人和窮人都是一樣的）。在《林哈德和葛篤德》中我已經談到了必須更加注意意志的鍛

鍊 —— 可以說是人類才能的中心問題，也是其幸福的泉源。我試圖讓人們看到家庭是透過各種方法來鍛鍊意志的出發點。

工作的進展

在最近的這幾年裡，尤其是在伊韋爾東的幾年裡，我和我的朋友們力圖對個別能力的訓練進行歸納，以求形成心理學的方法，因為我們認為這是首要的教學法問題，我們在這方面的探索上花費了很多的時間和精力。但是我們不得不承認的是，自己的工作在很大程度上是比我們希望得到的結果落後的。另外我們的工作還有不少人也參與了進來……各人按照各自的做法，要麼照搬我們的方法，或者以此為基礎加以發揮……那些比我自己的那些可愛的見解看得更遠的人，願上帝保佑他們！我的榮譽成了他們的榮譽，他們為促進這一事業做了有益的工作，我要對他們表示感謝。但是，我倒想將真正屬於我自己的東西保留下來，這樣在別人運用、發揮它的時候，不會將其精神實質喪失。在為偉大的目標而奮鬥的過程中，我希望它能和別人的能力共同發揮作用，當我們的努力中的所有只屬於人類的東西將永遠消失的時候，這個偉大的目標會得以倖存……是的，我會始終堅持我對真理和正義的獨立見解。雖然我的家鄉遭難，不過我個人的微薄的努力也並非一點成績都沒有獲得。我敢冒昧的說一句，在

第三章　西元 1818 年對我校師生的演講

本世紀結束之前，就能夠看到我們的事業是會被那些感謝它的人們所接受了。它具備經得起時間考驗的優越性，對此我是堅信不疑的。我已不再為阻力和疑慮而感到煩惱。這些煩惱已經讓我吃夠了苦頭，不過最近，我已經感到比較欣慰了。我甚至不再擔心自己在真正的解決民眾的教育問題之前，會變成一個白頭老翁。我現在認為，就算真的有了這樣的機會，我也不能對能夠影響國民教育的進程，或者能夠為改良人民的實際生活條件和生活方式提供幫助抱什麼指望。窮人生活在道德淪喪之中，這一點是我所沒有認知到的，這一點和要徹底根治貧困的根源，就一定要認知到貧困的根源並不在窮人自己身上一樣，這些根源將窮人的所有自立才能完全淹沒，讓窮人不得不忍受。他的情況和一間小屋被山頂崩落的石塊壓倒，或者被森林洪水沖毀是一樣的……那些窮人自己身上有的、用來幫助窮人的方式，我還沒有弄清楚；我沒有形成確定而強烈的感覺：如果要將窮人喚醒，讓他們認知到幫助他們的最偉大最神聖的方法，那麼這些方法是必要的；我還無法讓它們作為最有力的拯救窮人的全國性工具來出現……

　　環境迫使我對人類能力發展的過程，對合理的民眾教育的基礎進行更深入的調查。關於民眾教育以及與之密切相關的貧民教育問題，如果我們要獲得確切而令人滿意的觀念，

那麼絕對有必要確立關於初等教育的價值的成熟觀點。一方面，這些觀點要考慮到每個人能力的發展能否遵循其自身的自然法則，另一方面，還要充分的認知到意志自由是人類能力體系的中心。這些觀點要求對教育的責任有一個充分的認識，即透過信仰和仁愛來培養意志，讓其成為真理和正義的事業 —— 為真理和人們的事業做出犧牲自我的奉獻。在理性上，也規定系統知識的學習一定要以能力訓練為基礎，而不能反過來，這一原則對體育也是同樣適用的 —— 先訓練一般的能力，再訓練專項的技能。這是大自然安排的順序，無論哪種適合時宜的教育過程，都不能忽略它……否則你們得到的教養就是不實在的，徒有其表，就像我們現在為之感到痛惜的那樣。

教育的科學

我已經可以得出這樣確切的結論：一定要將教育提高到科學的水準，教育科學應該是從對人類天性最深入的認識發起，並以此為基礎的。在得出這個結論之前，我還無法連續不斷的致力於民眾教育問題。當然對這門科學，我是一無所知的，我不過是頭腦裡有了一種預感，然而它是如此的鮮明，充滿了我的腦海，彷彿已經是一項既成的事實。這並非我自己的想法，時代的大環境已經讓它成為一個世界性的需

求，早晚會被全世界都所認知到。我這樣一個年事已高的人，世界不會拒絕歡迎我的——在這歡欣鼓舞的時刻，希望將這小小的奉獻獻在人性的祭壇上。你們，我的朋友和兄弟，也一定不會拒絕的。我請你們到我的身邊來，懇請你們和我合作，進行那些我始終覺得我可以總結出更合理更系統的民眾教育原則和方法的工作——為了這一事業，我已下決心為我死後做好萬無一失的準備。

徒勞的善行

但是，在我說我自己願意為了民眾教育、為了讓窮人的處境有所改善而工作時，我也看到了，在我的周圍有不少慈善活動。它們並沒有讓我感到舒心，不過有一點我應該注意，那就是不要低估它的價值。只要是不盲目的自私自利的人，都是可憐窮人的。在古代，有很多對窮人利益有好處的壯舉，都是來自於一些默默無聞的富人。相對說來，古代的壯舉可能要多於現在的。現代的奢侈生活當中產生了數以萬計的受苦受難的窮人。過去的生活相對比較簡單，受苦受難的窮人也就幾百人。此外，和現在相比，古代人們幫助窮人，很明顯是出於對人與人之間關係的神聖性的尊重。而現在，我們疏遠了社會生活關係，過去的那種關係已經消失了。窮親戚、窮鄰居、窮僕人還有窮教子教女已經不再像先

前那樣直接的向我們求助了……在古代，因為鄰居高尚的慷慨之舉的存在，地位上的不平等對窮人來說還是有好處的，而現在這種不平等則為他們帶來的是毀滅。那些沾染上了富人的奢侈的窮人就會遭到唾棄，我們總是不會再同情他了。

這樣，在他們遭人唾棄後，我們又因為他們遭人唾棄，而冷漠的對待他們，並為此感到心安理得。我們用將自己毀滅的泉源來毒害他們，然後又恥於接近他們。和我們華彩照人、爭富鬥榮的生活相比，他們悲慘的生活境地相形失色，所以世人對他們不聞不問。即使是這樣，人們還是做了很多解決窮人燃眉之急的事情。人類的自私自利雖然有增無減，表現方式也是越來越笨拙和冷酷，但是就算是在最糟糕的時代，也沒有將幫助窮人的那些措施徹底放棄；而在這個可怕的歲月裡，臨時性援助的不足讓人感嘆，而在人們毫不指望出現的地方，慈善的熱情得到了充分的增強。不過這種熱情並不能將貧困的問題徹底的解決，要想真正的解決這個問題，除非我們能更普遍的確信在人身上 —— 所以也是在窮人身上 —— 潛藏著種種能力，對那些知道怎樣使用它們的人來說，這些能力是用之不盡的財富。

現在極為緊迫的，是一定要讓人們確信這一說法的真實性，同時要讓這些熱衷於錢財、名望和享樂的當代人逐漸意識到，給予一個窮孩子無微不至的關懷，要比養一頭肥羊價

值更大；讓鄉村擺脫貧困、悲慘的處境，讓那裡的人過上幸福而自尊的生活，要比擁有幾座舞廳更加榮耀；喚醒墮落的人格裡的感激和助人之願望，應該比奴婢成群、良馬滿廄更感到愉悅……

富人能夠為窮人做的事情

我應該更詳細的說一下。

一個私立的機構，越是可以較好的保持它的經營效益，保持它的教育影響，甚至還有比較舒適的條件，那麼它的經營者就越容易將窮人接納到他的機構中裡，為他提供某種工作，透過這樣的方法，讓他成為獨立的、有技術的、可僱用的人。透過更深入的調查，人們意識到，如果富有的階級認知到了自己的作用，他們就擁有很多的行善、施教的好機會。他們可以幫助眾多的年輕男女從供大於求、並且在其中也不會做出什麼卓越成就的農業市場離開，招收他們服務於國家，服務於人類。毫無疑問，這樣做的好處不只是在窮人這方面。如果那些豪門望族讓自己的孩子密切的接觸勞動階級那些健壯而質樸的孩子，他們將會從這個過程裡得到多少好處，我們對此還不是十分了解。大土地所有者占有了土地，

所以躬身農業。農業是人類文化最簡單也是最原始的方式，他們能夠利用窮苦孩子整年累月的勞動，來為自己謀取利益。他們除了飼養一些耕牛外，還可以教育幾個孩子，讓他們像牛一樣，長時間的為他們勞動，他們對這一切並不用付出什麼代價。而如果與此同時，他讓這些孩子都成為能獨立思考的人，那麼他們將會為他帶來多少愉悅感啊！如果他願意在與他們的關係中輸入博愛的成分，哪怕極少，那麼他的傭人也都會更加愉快的為他服務。他可以讓這些愚笨而孤弱的農夫變成技能熟練的農業工人，因此提高這個國家的農業水準。這樣的做法，既不麻煩也不耗資，更重要的他還有利可圖。每一個大土地的所有者，如果不打算將大部分的時間消耗在宮廷裡、森林裡，或者消耗在以他的財產可以辦到的、無傷大雅的尋歡作樂的事裡的話，那麼按照我上述的方式，一點點的將他的那些無依無靠的勞動者變成自己擁有小塊土地的人，就可以為國家做出重大的貢獻，為普通的國民文化開闢一條新的途徑。這樣一來還可以消除土地占有所帶來的差異，也可以創造出更高的收益，改善人們的地位和福利。

差不多每一個產業部門都是這樣，那些領導者都有一些這樣幫助窮人的機會，和窮人他們合作，幫助改善他們的境遇。每個雇工都明白，有效的體力勞動是財富的泉源，同時，如果雇主們首先能讓他的雇工的子女接受良好的訓練，

將那種特殊產業必需的專門知識還有技能掌握，其次能夠鼓勵他們從小就把自己的零用錢存起來，由此培養他們具有對他們將來維持自己生計有幫助的節儉思想，那麼雇主們是可以推進窮人的訓練、福利和教育的。利用尊崇所有權和節儉的風氣，來讓窮人的尊嚴和道德得到提升，在這方面可以做多少事是難以估算的。假設開辦了一所面向窮人的孩子的學校，他們在這個學校裡不僅能夠學到某方面的技術知識，還能夠受到最基本的智力和體力的能力訓練，孩子們在這裡接受良好的全面教育，並達到很熟練的程度，那麼，有了這樣一個途徑，個人就可以在更大的範圍內做到他所能做的事情。那些貧窮的、原本這樣做只能維持生計的城鎮年輕人就會獲得那些和經濟上的獨立性有密切關係的尊嚴和道德的情感；另外，這些城鎮也就不用再被迫依靠外國工人和外國工廠主人，所以也就可以全面縮減開銷了。

農村教育

有些土地貧瘠，人口稀少的地方，需要將農業科學和某種城鎮產業結合起來。民眾教育和文化在這樣的地區可以達到最高的發展水準。在我看來，這一觀點將一直是所有民眾教育和文化的真正基礎。如果對其進行科學組織，我相信獲得一個對農村地區人口發展和經濟繁榮有利的結果是可以實

現的。我自己在四十多年前在新莊（New hof）為窮人的孩子開設了一所學校，目的是將農業和當地另一產業結合起來。因為我的經驗不足，這所學校最終失敗了。即使是這樣，我現在更加確信我的想法是正確的。對新莊，我有一種難以描述言傳的親切感，這不只因為我的實驗，還因為我陷入了長期的苦悶當中。雖然它通常意味著我經濟上的破產，然而我畢竟在那裡堅持了 40 年。我花在它身上的錢，超出了它的價值的一倍，然而，這樣的想法 ——「你還能在那個地方為窮人的孩子開一所學校」，讓我沒有賣掉它。我還是堅持著我年輕時期的想法，而且，雖然我的關於為窮人謀福利的本質是什麼的某些想法已經有所改變，我的內心還是充滿了一種無法抑制的希望，在那塊我生活過的地方，希望我從前的某些目標可以不失時機的實現。不過因為這將是我一生中最後的事業，因此在我公開宣布以前，所有基本的步驟都要仔細的考慮好。「寧靜致遠」這句格言我從來都沒有遵循過，而且忽視了它，也讓我付出了很多淚水和代價，而目前我已是半截入土，我不希望再因為犯同樣的錯誤，而將這個我最後的也是最重要的事業毀掉。

與此同時，在準備進行那些大計畫之前，我可以做一些類似這樣的事情，也就是考慮一下怎樣在所有的農莊既方便又低廉的培養兒童。在國家處境艱難的時候，我希望每一個

可能採取的措施都應該用來拯救那些窮苦的人。在那些自然資源雄厚的地區，我們應該努力將我們國家僅有的少數工業結合最科學的農業知識。此外，我們應該宣傳、提倡和節儉國內開銷相關的綜合性知識。對我的計畫來說，透過發展文化來擺脫國家困難的所有方法都是重要的。

但是，那些流行的各種濟貧方法對國家和窮人來說，都算不上提供了真正的幫助。通常來說，這些類似於一個人將一副鞋扣扔給站在他家窗前的乞丐、這位乞丐沒穿鞋襪，並在乞求他的施捨。甚至即使在最有利的情況下，它們也無法影響到對我們國家腐敗的根源。

濟貧精神

如果我們對慣常的濟貧方法進行更仔細的調查，就會發現，這些方法都沒有一種教育傳教士式的努力精神 —— 也就是沒有神授的父母之愛、對童心的高尚的激勵、在家庭外很難找到的兄弟般的愛和姐妹般的忠誠的那種純潔；不存在一種方法可以提供感覺刺激與信仰和仁愛之間的確定的、連續的相互作用，對智力和實踐活動也沒有提供同樣強大的刺激，而這些刺激在自由的、令人信服的影響每一個人。這些方法都沒有家庭生活應具有的聖潔和高尚的影響。一方面，因為它們宏大的規模，所以它們就沒有了家庭式那種親密無

間的關係，只能在卑下的社會環境中的狹小範圍內找到這種關係；另一方面，這些方法是公眾力量的反映，或者整體來說，它還是外部權力的反映，而非那種在家庭的火爐旁可以享受到的幸福健康的感情。誰能夠懷疑這樣的制度透過它們的環境，特別是透過主任、經理、管家等人所接觸的各種環境，顯現在父母般的同情心幾乎是不合時宜的情景裡面？現在，國民愚昧無知，道德、智力還有倫理不斷衰敗，情緒日益低落，都已經到了十分嚴重的地步，以至於已經成為國家面臨的一個危機，而國家這種機構是絕對不能沒有的。儘管我們的理論是不科學的，但是我們的情感總是傾向於為了讓窮人在物質和精神方面的需求得到滿足而提供幫助，這一點已經獲得了上帝的認可。但是我們同時不要忘記，能夠發揮消防隊作用的機構，能夠有效的彌補洪災導致的損失的機構，並不因此就是一個出色的教育機構。可能會將預防火災和洪水的忠告寫進全國性的委員會的指示中，但用於解救實際災害的措施就沒有被編入這些文件中的可能了。

家庭是教育的起點

父母般的同情心是民眾教育、國民文化和濟貧的唯一真正的基礎，它的純潔、真誠和力量，能將兒童心中愛的信心喚醒，從而將身體和精神方面一切能力結合在一起，變成

愛，變成主動的服從。正是在家庭聖潔的感情中，自然本身為人類能力和諧、正確的發展進行了充分的準備，我們一定要在家庭裡尋找我們教育科學的出發點，這樣教育科學才可以形成一種全國性的力量，才可以讓人類的知識、才能和行動的外部表現和我們天性中內在的永恆而神聖的本質形成完美的統一。

如果「容易的發明創造無非是錦上添花」這個命題可以成立，那麼下面說的命題就更可以成立了：人類的機智為人類帶來的利益，很容易和我們天性中內在神聖的要素連結起來；反之，將這種神聖的要素視為人們小聰明的產物，是我們現代生活的錯覺導致的結果。

窮人的起居室 —— 我這裡說的不涉及那些已經淪落到沒有家庭生活地步的人 —— 是統一一切神聖要素的中心，這些要素屬於人類天性的構成力量。但是，如果無視這個聖潔的場所，無視家庭生活的所有紐帶，我幾乎能夠斷定，他就是將自己小小的奉獻投到了信仰和愛的統一範圍以外了，投進了世界的泥潭當中，或者是將其作為一種犧牲品，放在自私的祭壇上了，他在教育方面的嘗試也是沒有任何意義的。現在對家庭生活和家庭幸福的忽視，一定會讓我們墜落在雲霧之中。已經讓我們感到悲傷的，不只是因為現代生活的外部形式，還因為家庭的純潔的樂趣和有教育意義的影響已經為

現代生活的時髦和奢望所取代了。我們已經將我們祖先的宗教信仰和源於這種信仰的好處給喪失了。

在我們這個時代，拯救恬靜的家庭生活的宗教已經喪失了它的所有精神實質；它已經成為爭論神的問題一種傲慢的癖好，雖然它也還存在一些改進的跡象。

現代社會當中，阻礙發展的最大、最嚴重的禍害，是父母們對他們自己可以在教育子女方面有所作為的不相信態度，他們這種自信心的喪失表示我們的方法比較膚淺。

教育的七個必備條件

第一，父母的興趣。

所以，恢復這種感情應該是國民教育的首要目標，讓父母們意識到，實際上他們是可以培養他們的子女的。首先要讓我們的父親和母親們重拾信心，教育子女主要不是家庭教師和保姆的事，而應該是他們的事情。在這個問題上，讓大眾輿論回到以往的觀念上去是刻不容緩的，即一個失去了父母的孩子，即使他的保護人具備僱用世界上最好的教育家來做他的家庭教師的能力，但是他依然是一個不幸孤兒。更為迫切的，是一定要讓父母們感受到親自過問自己子女的教

育所帶來的那種歡悅感，以致再也不願意失去這種樂趣。

　　一定要讓他們認知到忽視子女教育所失去的東西，這一點是至關重要的，要讓當前的這一代人認知到，在教育中如果沒有父母的影響，就意味著他們生活中最堅實、最令人滿意的方面已經離他們而去了。

　　第二，民用之書。

　　每個關心教育的人，應該首先考慮的怎樣編寫一種供民眾使用的書，這種書會為各個階層的父母們提供一些意見，告訴他們在子女的培養中能夠做些什麼。它應該是一本為母親和家庭準備的書，告誡人們別再忽視教育是它的首要目的。它應該肩負和大力士一樣的任務。編寫這種書，我們一定要將人類天性中所有最好的東西、它的同伴式的友誼力量、洞察力和實際技能利用起來。它應該描繪教育工作的樂趣，還要描寫得栩栩如生，這樣才能吸引父母們參與到教育工作中來。它應該簡明而向父母們簡單而令人信服的揭示，他們有眾多引導他們的子女利用自己感覺的機會，讓他們的感情生活更加崇高。它也應該告訴他們，要怎樣利用兒童周圍的環境，如何使用系統的感覺理解練習，為今後生活中更科學完美的學習打下良好的基礎。同樣，它還要對父母進行引導，要了解兒童的思考能力和實際操作能力應該如何鍛鍊和培養。整體來說，這種書將力圖說明應該如何透過那些即

使是最貧困的家庭中也可以使用的簡易方法,「自然的」促進人類意志、知識和能力繼續發展。

如果我們嘗試編寫這類書的行動不是以這樣的工作為基礎:對大自然本身在揭示我們個別的能力和那些高階法則時使用的方式方法進行全面持續的調查,透過這些方式方法,大自然將我們的這些個別能力和我們所有才能的總和連結在一起,那麼我們是無論如何都不可能編寫出這樣一種書的。所以,我們努力建立一種完美的國民文化,一定要以對人類發展中的自然程序的仔細調查為基礎。這就是我們的第二個必備條件。

第三,特殊知識領域中的教學組織。

第三是另一個目標,這個目標並非不重要,即必須對每一個知識領域的教學與我們人類天性中的各基本才能的關係進行考慮。這些特殊科目所用的方法和練習,和那些基本才能的自然發展是否協調我們一定要搞清楚。對於每門學科,我們也一定要搞清楚,兒童可以完全掌握的是哪些部分——首先利用單純的感覺活動,然後透過記憶,最後透過想像——這些組成部分又是怎樣被當作鍛鍊和發展基本的自然才能的方法,同時也被單純的當作學習這門學科知識的材料,當以後年齡和能力條件可以的時候兒童能夠利用的材料,就像人們通常將石頭、木材、泥灰和沙子運到一塊地上

後，才會立志建起一座大樓一樣，因為他這時已經為這座建築準備好了材料。

第四，利用好數、形和語言方面已獲得的那些成果。

這一點同樣也非常重要，即組織國民文化體系的時候，我們應當設法利用上我們在語言、數和形方面獲得的試驗成果，把它們當作純粹的思維要素。實際利用這些結果一定要和發展愛和信仰方面的社會能力，還有發展實際操作能力的基本練習保持協調……

第五，體育活動的組織。

其次，我們還需要在這些智力訓練的基礎上組織體育活動，首先訓練手和眼睛，直到專門的職業訓練。

第六，實驗學校。

除非我們可以發現這樣一些途徑，透過這些途徑，所有的人都能夠獲得我們現在討論的那種知識和能力，否則要讓這些措施真正的影響到國民文化，是無論如何都不可能的。所以對於我們至關重要的，是要努力在建立起學校教育和家庭教育之間密切的連結。只有這樣做，才能讓知識和技能成為民眾的財富，同時又對人民有益。所以，一定要建立試驗性的學校，孩子們在這種學校中能夠掌握智力和實踐教育的要素，讓他們在從學校離開後，還能夠去對他的兄弟姐妹進

行訓練。這樣更高的目的就能夠逐步的得到實現，讓父母可以在家裡對子女進行智力和道德方面的訓練，而且還能讓他們身體方面的能力和實際操作能力得到發展。

第七，還要有訓練有素的教師。

但是，為了讓這種學校從設想變成現實，有一點是我們首先要保證的，那就是要有持續不斷的人才供應：可以信賴的、可以管理這些學校的男男女女們。如果我們的確準備實現合理的、符合心理學的國民文化，那麼就有必要選出大批道德高尚、確有真才實學的窮苦年輕男女，並對他們進行教育，讓他們可以以最大的熱忱來投身這一事業。他們必須親身享受過 —— 在當代可能的情況下，一種系統的人類才能和技巧的全面訓練，這些才能和技巧是人們可以在家庭中應用並付諸實施的……

坦誠的講，如果我在扎實的基礎上來推進在我認為是對良好的國民文化是必不可少的那些措施的話，那麼我首先會盡我所能的在人們的家庭中創造並維持一個很高的水準。

為了實現這一目標，我會單方面存入 5 萬鎊，每年的利息只會用在以下的地方：

☐ 對教育的原理和實際進行更廣泛的調查和研究，從而可以讓教育過程得到更進一步的簡化，更適用於家庭。

☐ 秉承這種精神，培養「要素」教師（包括男教師和女教師）。

☐ 設立一所或者更多的學校作為「試驗站」，在這些學校裡，將用「要素」方法來對兒童進行訓練。

☐ 繼續完善家庭教育和訓練的方法。

第四章
致格瑞夫斯的信

第十一封信：嬰兒初期

……這個問題我不知道是否值得哲學家們注意，不過我相信，一個母親是不會拒絕和我們一起來對嬰兒出生後的一段時期的狀態進行思考的。

無能為力的嬰兒期

首先，這段時間的狀態是一種徹底的無能為力的狀態，所以我們才會注意。乍一看，它彷彿是痛苦的，或者至少是一種不安的狀態。截至目前，還沒有哪怕是微小的細節能夠提醒我們，除了人的動物天性外還有什麼別的才能，甚至即使是這些動物天性，也都是處在最低階的發展階段。

動物和人的根本差異

另外，在這些動物天性當中，有一種本能，始終在非常穩定的發揮著自己的作用，並且它的力量隨著動物生存功能日復一日的重複，還越來越強。眾所周知，即使很少、甚至不去注意保護嬰兒，好讓他不會受到外部環境的種種危害影響，或者不以非同尋常的營養和照管來增強它，這種動物本能也一樣會飛速的發展，並且很早的時候就能達到了強度和

力量上的最高點。在一些原始民族當中，兒童的動物性能力可以得到極大的發揮，並會得到飛速的發展，這是一項人所共知的事實，它充分的證明人類天性中的這一部分，是和別的動物的本能完全並行發展的。

動物和人類嬰兒期的比較

這種相似性是如此的引人注目，以至於我們經常發現，任何一個想找出別的才能的某些蹤跡的嘗試都失敗了。實際上，只要我們用心觀察生命最初階段人類本性的那一部分 —— 這一部分往往被我們忽視了 —— 就會很容易忽略那些起初看起來十分微弱，但是也正是因為微弱，才值得我們去愛護、去培植的東西，它能將我們對它發展的興趣充分激發出來，而且它的發展將足以報償我們付出的那些勞動。

雖然這一相似是令人驚詫的，然而它絕對不能證明，哪怕是處在生命最初時期的嬰兒和動物之間存在的差異就可以為我們所忽視。從表面上看，動物的發展可能會更為迅速，在構築一個健康而舒適的動物生存狀態的種種特質上所具有的優勢，也可能是更大的。

在本能的引導下，動物讓身體的力量和靈敏性獲得這樣迅速的發展，但是動物的發展卻永遠停留在提高身體的力量和靈敏性的階段。在整個生命期內，動物的享樂、努力以及

成就 —— 如果我們能夠這樣說的話 —— 都是沒什麼變化的。動物可能會因為衰老或者不利的環境而出現退化，但是它絕不會進展到超出其充分發育後所獲得的肉體方面完全成熟的水準。如果說除了這個以外還有一種新的能力，或者前面所說的各種動物本能還有別的功用，那都是動物的自然史上前所未聞的。這與人是不可同日而語的。

本能和道德的萌芽

人的身上有一些東西一定會在適當的時候，透過一系列事件表現出來，而這一系列事件是一點都不受動物生活的支配的。動物永遠都在受本能驅使，動物生命的維持還有動物所具有的所有能力和享樂都可以歸因到本能。但是有一種東西可以讓人宣稱他握有絕對支配其所有能力的權力，約束他天性裡低等的部分，引導他做出種種努力以保證他按照道德人的標準而擁有人的一席之地。

出於造物主的意志，動物一定會按照牠動物的本能來發展。人則是注定要遵循更高等的天性。一旦他開始顯露的精神方面的天性，就必然不再允許自己由動物天性支配了。

我的下一封信在向母親指出一個新的時代，她可以在這個時代看見嬰兒的精神方面的天性的一些最先顯露的特徵。

第十二封信：母愛 —— 一個忠告

我們已經了解了，動物本能總是追求本身的瞬間的滿足，從來都不會注意別的動物的舒適和利益。

只要別的才能還沒有覺醒，我們就不能將這種動物性本能以及它對兒童的主宰視為才能；在這種本能中，並沒有一點自覺的成分。雖然從表面上來看，它是利己的，但是它並不想要這樣。造物主本身彷彿已規定了它應該這樣強烈，而且實際上是唯一占支配地位的東西，自覺意識與其他種種才能甚至還不能保證動物生存的首要條件 —— 自我保護。

但是，如果在顯現了高等天性後，對這種本能還是放任其為所欲為的態度，還和以前一樣無拘無束，那麼它就會開始和良心發生衝突。它每放縱一步，都會讓兒童的利己本能向前發展一步，還會讓他那更為仁慈、更為溫和的天性受到損害。

過度溺愛和放任自流之間的平衡

我希望人們可以對這一點有清楚的理解，或許我能夠成功的解釋那些我認為發端於這一原則的供母親使用的法則，就不用再喋喋不休的講述那些抽象的觀點了。首先有一條古老但是有效的法則，請母親堅定的遵循著：要持之以恆的關

心嬰兒，盡量堅持同一種做法；如果孩子提出實際的需求，就不要忽視；如果他們提出了非分的需求，甚至胡搞蠻纏，那麼也絕不能放縱。實行這種做法越早，就越能持之以恆，孩子所收穫的好處越大、越持久。

如果堅持下去，那麼就很快能看到這個計畫的便利和優越之處。第一個優越之處是對目前有幫助。她可以免受很多干擾，可以少生很多煩惱。這樣做雖然要求極力保持耐心，但是她並不會生氣，她能夠在各種場合，透過和孩子的互動而獲得滿足；她會經常有這樣的感覺：做母親不只是盡義務這麼簡單，而是樂在其中。

不過優越性將更多的在孩子身上展現出來。

任何一個母親將都可以根據經驗，要麼談論她的孩子從這種安排裡獲得的益處，要麼談論和這個相反的做法所帶來的不良後果。如果是前一種做法，孩子們的需求將會非常少，而且還會非常容易得到滿足；同時還會產生一種更加完美的、確定可靠的健康標準。相反，如果忽視了那條法則，或者是從一種避免嚴格對待孩子的願望出發，做母親的對兒童的無限制任性聽之任之，那麼很快就能看到，無論她的用意是多麼的好，這都是一種不明智的做法。其結果是，如果她無法滿足孩子的需求，她就不會得到安寧，她自己的安逸都會被犧牲，又無法讓孩子獲得幸福……

我們都不是天生的哲學家，不過我們都渴望擁有一個健康的身心狀態，這種狀態的最主要特徵是 —— 沒有奢望，知足常樂。

第十四封信：兒童對母愛的反應

按照我前一封信所陳述的那些理由，可以視母愛為最強有力的力量，感情是早期教育的自然動因。在我看來，這種看法是對的。

權威和慈愛相依託

母親在最初行使權威時，應該十分謹慎，每一步都一定要經過她良心和經驗的驗證，證明是正當的，才能進行；她要考慮到自己的責任，考慮到她的措施對她孩子的未來幸福會產生重要的影響；她應該有這樣的觀點：就她的權威的性質來說，唯一正確的觀點是將其視為一種責任，而不是一種持權才是唯一正確的觀點，絕對不能認為它是至高無上的。嬰兒如果保持安靜，或者不急不躁也不惱人的話，那麼他通常是在為母親著想。

我希望每一個母親都要注意遵循權威所採取的行為方

式，和為了別人著想所採取的行為之間的差異。

前者是推理的結果，後者則發源於愛。這種直接原因一旦消失了，第一種行為就有被拋棄的可能；而後一種行為則是持久的，因為它並非以外部條件為轉移的，也非一時權宜之計，而是以一種道德的、永恆的原則為基礎的。

我們現在所面臨的情況下，如果嬰兒沒有讓母親感到失望，那麼這將是一個最有力的證明，首先是因為愛，其次是因為信賴。

慈愛贏得愛和信賴

關於愛，嬰兒想要博得母親喜愛的願望，是最開始的、也是最單純的想討人喜歡的願望。如果人們對在一個剛剛開始生長的嬰兒身上是否存在這種願望都要懷疑的話，那麼我將再次求助於母親們的經驗，就像我差不多在所有場合所做的那樣。

它同樣是信賴存在的證據。在嬰兒沒有人照管，當嬰兒的需求沒有得到必要的注意，看到的不是慈愛的微笑，而是橫眉冷對時，想讓他恢復安靜和溫順就不容易了。有了安靜溫順性情的嬰兒就會知足而不貪婪，就會耐心的等待欲望的滿足。

愛和信賴在嬰兒心中一旦扎下了根，竭盡全力的激勵、增強這種傾向，並使之昇華，就成為了母親的首要責任。

她一定要去激勵它，要不然這種溫柔的感情就會衰退減弱，不再和同情心保持和諧的心弦就會停止顫動，湮沒於無聲無息當中。但是，孩子的愛絕對不會得到激勵，除非透過慈愛；孩子將永遠不會產生信賴，除非透過母親的信任。母親自己的心聲一定能將孩子的心聲喚起。

母性的恆久

她還必須用心的強化那種原則，目前增強所有力量的方法只有一種：實踐。經過不斷的重複，同一種努力將會越來越得心應手，無論是心理上的還是體力上的，每一種能力都將掌握更大的、成功率更高的去完成某種操練，一旦形成了習慣，它的這種操練就十分熟練了。所以，母親必須要謹慎小心行事，並且要做到始終如一。這樣就能夠有計畫的激發孩子的愛，讓他產生信賴，除此之外，再無坦途。她要做到自己不能發火或感到厭倦，哪怕只是很短暫的一瞬，因為要說清楚孩子是如何受細微末節的影響是非常困難的。這種影響既無法判斷一種行為的動機，也無法預測會產生什麼樣後果：對於過去，無非是有個一般的印象，對於未來則是一無所知。所以，現實或以強烈的痛楚作用在嬰兒的心靈上，或者是用令人愉快的感情、強有力的魅力對嬰兒的心靈進行安撫。如果母親在這一方面是深思熟慮的，那麼她就能夠讓孩

子避免許多痛苦的感覺，這種痛苦雖然不會讓孩子時時觸景生情，但卻會在孩子心靈中自然的投下陰影，而且還會讓孩子對這種痛苦逐漸變得淡漠。對這種心靈的痛苦進行提防，不只是做母親的興致，還是她的責任所在。

然而如果她只是去激勵、去強化這種感情並不夠，她還一定要讓這種感情得到昇華。

她自己的種種善意，還有她孩子的傾向和性情可能已經得到了激勵，不過她不應該獲得了這一成功就滿足了，她還應該牢記，教育並非一個機械的、一成不變的過程，而是一個一點點變化、增進的工作。面對目前的成功，她不應該變得故步自封，不思進取。她不應該因為可能會遭遇的種種困難而抑制自己的熱情，不再進行努力。她應該始終將教育的最終目標牢記心中；她應該永遠欣然投身於作為一個母親所立志推進的事業 —— 昇華人的道德天性。

第十六封信：母親與兒童道德的發展

只要母親習慣了讓自己接受我之前闡述過關於孩子的愛和信賴的觀點，那麼在她眼中，她的一切義務就都被賦予了一種新的意義。

教育是母親神聖的職責

於是，教育不再被她視為那種對她而言，總是連結上大量的努力和困難的任務，而是將其視為這樣一種工作：自己可以駕輕就熟的進行處置，並且在很大程度上說要獲得成功都取決於她自己的工作。她不再將為孩子所做的種種努力視為無關痛癢的事，或者最多是方便別人的事，而是視為一項不僅神聖而且重要的職責。她將確信，教育並意味著一系列的告誡和矯正、懲罰和獎賞、指示和命令，並且在統一的目標和認真實施的條件都不具備的情況下，將它們摻和在一起；她也將確信，教育應該提出一套連貫的措施，這套措施都源自同一個原則 —— 對我們永恆的天性法則有所了解；按照同一個精神實施，這個精神就是慈愛而嚴格的精神，並實現同一個目的 —— 提升人的素養，成為具有真正尊嚴的精神人類。

但是，母親能不能精神上昇華她孩子正在顯露的才能和正在增長的感情呢？那些動物天性優勢造成的前進中的障礙，她能不能克服呢？

母親的自我克制養成孩子的自我克制

母親的最崇高和最可靠的標準，要看她是否真正成功的讓她的孩子對自我克制的練習形成習慣。

第四章　致格瑞夫斯的信

在那些能夠由明智的教育來培養的所有道德習慣裡，自我克制的習慣是最難以獲得的，而這種習慣一旦養成，它就是最有好處的……

母親在培養她的孩子形成這種習慣的最初嘗試中，可能感到的最大困難並不是嬰兒的執拗，而是她自己的軟弱。

如果她自己無法讓自己的舒適和自己的愛好服從於母愛，那麼她絕對不能指望孩子會為了她而養成自我克制的習慣。如果她自己都不具備飽滿的道德情感，她就無法激起別人的道德情感。要讓別人鍾愛任何美德，她自己一定要樂意接受自己的責任。如果她把僅僅看作是令人敬畏的女神——舉止端莊，道貌岸然，表情嚴肅，望而生畏——那麼她將永遠都無法贏得孩子的心，因為孩子的心不會對權威屈從，而是作為對慈愛的慷慨禮物來奉獻的。

但是，如果母親自己已經在早年的教育中，或者在生活的閱歷裡承受過自我克制的磨練；如果她已經在自己的心靈中培育起了能動的仁慈原則；如果她不只是從字面上，還從實踐當中意識到了什麼是順從，那麼她的雄辯、她那表現了母愛的臉色、她的榜樣都可能是具備說服力的，而且嬰兒在未來的日子裡也一定會難以忘懷，並會以一種有道德的生活來為之增光添彩。

第二十封信：早期的智力和道德活動

兒童日益增長的自主性

隨著時間的推移，兒童不僅每天都在運用並不斷增強他的身體能力，而且開始有了智力方面和道德方面的自主性的意識。

好奇心

觀察和記憶距離思考只有一步之遙。雖然它們還並非盡善盡美，不過我們經常能夠在嬰兒早期的心智運用中發現這種活動。兒童在好奇心這個強有力的刺激激勵下進行思考。如果獲得了成功，或者為別人所鼓勵，兒童將可以養成善於思考的習慣。

如果我們要去尋找形成這種思考習慣的原因 —— 這樣追根究柢通常都會遭到非議，那麼我們就會發現，對這種思考活動的最開始的嘗試，通常都缺乏明智的鼓勵。

兒童的疑問

兒童是令人煩惱的：他們對自己的提問不負責任；他們不斷的追問他們還無法理解的東西；他們常常言不由衷；他

們應該學會緘口不言。

　　人們總是持有這種觀點，於是就千方百計的對兒童提出惱人的追根究柢的發問進行阻止。

　　我當然認為不縱容他們養成提無聊問題的習慣也是對的。他們那麼多問題，的確只是一種幼稚好奇心的反映。如果不是這樣反倒會讓人驚訝，所以他們得到的回答就應該是更為明智的。

　　你了解我的觀點的，即只要嬰兒達到一定的年齡，他周圍的所有事物都能夠成為激發思考活動的工具。我提出的那些原則，還有我向母親們指出的那些做法，你也都非常清楚。那些按照我的方案，或者自己制訂了類似計畫的母親們，經常將非常幼小的孩子身上那處在沉睡中的思考能力喚醒，你往往對這種成功感到驚訝。那些為孩子們制定的原則，她們全神貫注的遵循，那些不顯眼的做法，她們始終如一的執行。這些事實已經讓你確信，有了一個類似的計畫，不僅一個母親能輕鬆的教育幾個孩子，而且一個教師也能夠順利的管理很多十分幼小的兒童。不過，現在我不想討論那些可能最適合發展思考能力的方法。我只是想指明一個事實，即思考能力可以在嬰兒的頭腦中萌芽。雖然很多人都忽視了這一點，或者甚至被引入歧途，但是持續的智力活動，一定會遲早讓兒童在許多方面產生智力上的自主性。

嬰兒對別人產生看法

不過，涉及內心感情的階段是最重要的階段。

嬰兒很快就會透過一些動作和他的所有行為，來表現出他願意和某人相處，或者對某人比較反感，或者準確的說，是懼怕某人。

在這方面，習慣和環境的作用很大，但是我認為，一個可以被普遍觀察到的現象是，那些嬰兒總能見到的、以及和他的母親關係親密的人們的眼光和關注，總是嬰兒非常容易習慣的。

這樣的印象不會在兒童身上消失，母親的朋友很快就成為嬰兒的朋友。一種善意的氣氛與他自己的天性不謀而合。他不知不覺的就對那種氣氛習慣了，他那明亮快樂的眼神、安寧的笑容表示他喜歡這種氣氛。

就這樣，嬰兒學會了去愛那些母親喜歡的人，同時他學會了去信任那些母親信任的人。

這種情況會持續一段時間，不過隨著兒童觀察得越多，他人行為帶來的影響就越明顯。

因此，哪怕一個陌生人，一個他的母親並不熟悉的人，只要透過一定形式的行為舉止，也會為嬰兒所愛，所信任。要想獲得他們的愛和信任，首先要做到的是始終如一的日常

行為舉止。嬰兒不會對最微小的反常視而不見，比如偏離事情的真相，有些嬰兒還對這種反常十分討厭。這一現象看起來難以置信，然而它絕對是真實的。

同樣的道理，一旦縱容了嬰兒的壞脾氣，就很容易失去他們的愛，這時即使靠哄，也無法重新贏得他們的愛了。這的確是一個令人驚訝的事實，它也可以作為下面這個說法的證明：兒童的身上存在一種純潔的真理觀和正義觀，以抵禦產生於人類本性的弱點、隨時可能讓人們陷入謬誤和墮落的誘惑。

就這樣兒童開始自己進行判斷，不只是判斷事物，還判斷人；他知道了品格的概念，在道德方面，他開始變得越來越有主見。

第二十一封信：教育與生活

兒童有權發展他的所有才能

……我們一定要牢記，適應生活，而不是圓滿的完成學業，才是教育的終極目標；培養自主的行為，而不是養成盲目服從和規定的勤奮習慣。我們一定要牢記，一個學生無論

他是哪個社會階級的，無論他準備從事哪種職業，對於所有人來說，人類天性中具有的某些才能都是一樣的，一個人基本能力的主幹就是由這些才能構成。我們並沒有限制任何人發展他所有才能的機會的權利。給予他們之中的一些人特別的關注，同時放棄將另一些人培養到高度完美的程度，這樣的做法也許是明智的。才華稟賦還有愛好、理想和追求的千差萬別，充分的證明了因人而異是必不可少的。不過我要重申一點，我們沒有阻止兒童發展某些才能的權利，這些才能對他們未來的職業或生活地位來說可能是至關重要的，只是我們現在還沒有發現。

誰不了解人生沉浮？誰不了解之前不屑一顧的東西卻被賦予很高的價值，之前瞧不起所以沒有做的事，時過境遷之後卻後悔不迭？誰不遲早經歷人生的樂事，由於他的指點和幫助可以使其他人得到益處，而彼時彼地如果沒有他的干預，他們肯定不會得到這種益處？誰不會至少在理論上承認——如果在實踐上他是一竅不通的話——人所能得到的最大滿足是意識到才華卓越能夠讓自己有所作為？

但是，即使是所有這些都不值得注意，即使根據一些眾所周知的事實和片面的經驗所得出的推論來證明，對於大部分人來說，其泛泛之學已足敷其用了，但我還是覺得在很大程度上，我們的教育制度都是在這種很不方便的境況下進行

第四章　致格瑞夫斯的信

運轉的，它們提出了各種不一樣的訓練，但卻沒有賦予它們應有的比例。

關於這一問題，唯一正確的見解應該是從對人類天性及其所有才能的研究出發……

所以，教育不是單純考慮應該傳授給兒童一些什麼，而是首先要考慮，兒童已經具有了哪些東西，即使不能將這些東西視為已經發展了的才能，至少也可以視為一種可以發展的天賦才能。或者如果不用這些抽象的辭令，我們只要還知道，是偉大的生命創造者讓人擁有並使用先天的稟賦，那麼教育就不只是確定什麼是兒童，還要對兒童適宜做什麼進行探討，作為一個負有責任的生命，他的命運是怎樣的？作為一個理性的道德的人，他具備哪些才能？

這些問題的答案一定是簡明而又全面的。它一定是要囊括整個人類，一定是要部分出生的國家或地區，適用於所有的人。首先，它一定在人這個詞的所有意義上承認人的權利。它必須揭示這些權利遠不是局限在那些人們常常透過成功的爭鬥而獲得保證的身外之利，而是包含了一種更加高階的特權，這種特權的本質還沒有為大眾所了解，並獲得客觀的評價。這些特權包括一切階級對於精心的發展才能，全面的普及有用的知識，以及在身體、智力和道德方面人的一切才能受到明智的對待的正當要求。

如果人已經喪失了理智，或者他的頭腦沒有儲存知識，或者他忽視了自己的判斷力，更重要的是如果他沒有作為一個道德人，是具有各種權利和義務的意識，那麼這時如果和他談論自由，那只能是白費力氣。

第二十二封信：體育體操

根據正確的教育原理，如果要發展人的全部才能，要發揮他的全部潛在能力，那麼就一定要將母親們早期的注意力引導到一個通常被認為既不需要什麼思考，也不需要什麼經驗，所以往往被忽視了的科目上。我指的是兒童的體育。

運動一定是要漸進的

我認為，體操的復興，是這個方面業已實現的一步，也是最重要的一步。體操藝術的最大價值並非進行某種運動所必需的敏捷，也不是它們能讓人們具備從事某些對力量和靈巧有要求的工作的資格，當然絕對不應該藐視這方面的成就。不過進行這些運動最大的好處，是可以從這些運動的安排中觀察到的自然進展，從容易進行的運動開始，以此為基礎，接著進行更為複雜、難度更高的運動。可能還沒有哪種

藝術能夠這樣清晰的表示，只有透過練習，那些看來好像是缺乏的能力才能得以產生的，或者至少是能夠得以發展。這一點也許為那些教授無論哪門學科的人，還有那些在指導學生達到他們期望的水準時遭遇了種種困難的人提供了一條價值極高的啟示。他們可以按照一個全新的計畫，重新開始他們的工作，在這個計畫中重新安排各種活動，設計科目採用從易到難、自然進展的方式。如果完全沒有稟賦才能的話，那麼在我看來，它是無法由任何教育制度來授與的。但是經驗已經告訴我，應該去研究那些絕對沒有任何天賦才能的情況，不過這是極為少見的情況。在大多數的情況下，我已滿意的發現了某種並沒有獲得發展就被徹底拋棄了的才能，各式各樣的運動，沒有獲得發揮就受到了挫折，這些運動或者旨在讓問題複雜化，或者旨在對才能的進一步發揮形成阻礙。

這裡我要提醒人們注意一種十分普遍的偏見，和體操的作用有關的，人們通常以為體操對那些身體非常強壯的人非常有用，而對那些體質較弱的人來說是不合適的，甚至是有危險的。

矯正體操

我現在可以稍微冒昧的說一句，這種偏見，完全是因為對體操基本原理的誤解。運動不僅會因人的體力強度而異，

而且也可以並且也已經專門為那些拖著病體的人設計體操運動了。我已經請教了一些優秀的醫學權威，他們認為，他們親自觀察的一些病例裡面，一些肺部患有疾病的人，只要不是病得特別重的那種，經常進行少量的、專為他們設計的簡易體操運動，病情都得到了緩解，體格還得到了增強。

正是因為這個，可以為各種年齡、各種體力強度的人 —— 無論他怎樣虛弱 —— 設計體操運動。我認為一定要讓母親們自己熟悉體操的原理，好讓她們可以在那些初階的、預備性的運動中，根據實際情況，選擇出那些最適合、對她們孩子最有益的運動。

我的意思並不是母親們一定要嚴格堅持那些她們可以看到的、由某一本體操著作所指出的運動，她們當然能夠按照自己的想法進行改變，不過我要提醒母親，在決定對原本計劃的行動方案進行改變之前，或者採用其他一些運動 —— 她們自己既無法評估這些運動需要多大的體力，也無法預想她們的孩子會從中得到哪些益處 —— 之前，不妨先去請教一下那些在安排兒童體操方面經驗豐富的人。

體操和道德訓練

如果體操運動對身體的好處是強大而又毋庸置疑的，那麼在我看來，體操在道德方面帶來的好處一樣非常有價值。

我可以再一次求助於你自己的觀察。你已經看過德國和瑞士的一些學校，體操運動成為這些學校的主要特色之一。在我們之前談論這個話題時，我還記得你曾說過，你的說法也和我自己的經驗相吻合。你這樣說，如果體操訓練得當，那麼在促進兒童的歡樂和健康方面是非常有幫助的，而歡樂和健康正是道德教育兩個非常重要的目的，此外還協助他們培養一定的團體精神、兄弟般的感情 —— 這是最讓旁觀者感到滿意的。坦誠的性格、勤奮的習慣、勇敢的秉性、吃苦耐勞的精神等等，也都是根據體操體系進行及早而持久的鍛鍊的常見的必然結果。

第二十三封信：視覺和聽覺訓練 —— 音樂教育

體育絕對不應該局限在現在用「體操」這個名字來命名的那些運動裡。這些運動通常都是活動了四肢，所以體格得以增強，技巧得到了鍛鍊了；但是，還應該設計專門訓練所有感官的運動。

最初，這一觀點也許是多餘的講究，或者是自由發展的沒有必要的障礙。確實，即使沒有這種專門的訓練，我們的

感官也在充分的發揮自己的作用。不過問題的關鍵不在於這些運動是否是必要的，而在於在很多情況下，能不能證明是管用的。

感覺辨別力的訓練

在我們當中，在不借助任何幫助的情況下，有多少人的眼睛可以正確的判斷出不同物體之間的距離或者它們的大小比例？不透過相互比較，有多少人能夠看出來色彩的細微差別？有多少人的耳朵能夠聽出最細微的聲音變化？如果去調查，人們會發現，那些可以做到這一點並且還做得相當好完的人，他們的才能要麼來自某些天賦，要麼來自不斷的勤奮練習。顯然，這些成就裡的某種優勢是，不需要一點努力的天賦，它們是不可能透過教育來授予的，不管你怎樣著力培養。然而，即使鍛鍊不能解決一切問題，但至少能夠產生很大的作用；鍛鍊開始得越早，成功就越容易、越完滿。

這一類正規的運動體系現在依然是迫切需要的。但是，母親要在她孩子的娛樂之中引入大量的運動，好讓視覺與聽覺獲得發展和改善，這並不困難。因為將每種那樣的鍛鍊視為娛樂，而非別的東西來對待，這樣的做法是可取的。鍛鍊時，一定要給予兒童極大的自由，而且鍛鍊從頭到尾都應該是輕鬆愉快的，否則所有這些鍛鍊就將會是單調、迂腐而荒

誕的，和體操本身一樣。

美學方面的早期訓練

儘早將這些運動和別的訓練連結在一起，培養欣賞力，這一點是非常不錯的。健全的欣賞力和健全的感覺的關係十分密切，互相促進，不過現在，這一點看起來還沒有獲得充分的理解。雖然古人曾經說過，「學習那些適合自由心靈的藝術，能夠陶冶性格，去掉粗俗舉止」，但是直到現在，能夠做到讓所有的人，或者哪怕是大部分人自由的得到那種享受和成就的幾乎沒有。如果他們給出的理由是在滿足首要而緊迫的需求上花費了大量的時間，所以就沒有大量的精力來追求次要的、華而不實的東西了，那麼這個理由仍然不能成為正當的理由，無法說明為什麼他們除了平常工作的操勞之外，完全沒有任何其他的追求。

就像我在窮人中已經觀察到的那樣，母親傳播了一種精神力量到她們的周圍，即無聲而開朗的愉悅，在她的孩子中間有一種健康的感情泉源在湧動，還樹立了消除一切能夠損傷欣賞力的因素的榜樣 —— 當然，是在另一個天地裡生活過的過來人的榜樣，而不是說長道短的局外人的榜樣。看到這一切，我就知道了，不會有比這更讓人滿意的場景了。很難

詳述達到這一步運用了哪些方法，但是我曾在那種幾乎沒有可能性的情況下看到過這種景象。我對一點是確信不疑的，即想獲得這種結果，只能透過真正的母愛精神。那種感情可以得到昇華，達到人性中最美好的情感的高度，對這一點，我怎樣反覆論述都不為過。將這種感情緊密的結合和快樂的本性，就能引導人們遠離暮氣沉沉，遠離鬆懈懶惰，就像和人為的雕飾兩不相容一樣。如果透過不斷的提防來進行維持的話，刻意雕飾和苛刻的指責可能也會產生作用，但是會失卻自然，也會失卻真實。即使是哪些不期而至的參觀者，面對一種和同情的氣氛不相容的管束，也會覺得壓抑。

音樂

現在我既然談到了這個話題，就要利用這個機會，好好說一下對道德教育最有幫助的一個問題，我說的是音樂，你知道的。另外，我關於這個科目的觀點你不僅是熟悉，還已經在我們的學校中看到了我們曾經獲得的十分滿意的結果。納格里，我那位傑出的朋友運用他那相當出色的欣賞力和判斷力，將藝術的最高原理簡化為最簡單的要素。他的努力已經讓我們可以引導自己的孩子達到了一種水準，而如果是按照其他的計畫進行，肯定要耗費大量的時間和精力才能達到這個水準。

第四章　致格瑞夫斯的信

民族歌曲

不過，它並非我將要作為教育的理想成就進行描述的那種水準，它其實是對陶冶感情影響最為顯著的音樂。我總覺得，而且還總能看見，它能夠最有效的調諧、陶冶心靈，讓其接受最美好的印象薰陶。那美妙的和聲、精彩的表演還有審慎而優雅的演奏，的確能夠給鑑賞家極大的滿足感，但是簡樸而自然的曲調才能夠將每個人的心弦撥動。自遠古以來，我們自己民族的歌曲始終在我們家鄉的山谷裡迴盪，融入進了我們歷史的最輝煌的篇章和最親切的民族生活的景象。不過音樂在教育方面的作用，不只是用來保持生氣勃勃的民族感情，它可以發揮更為深刻的作用。如果能夠做到以正確的精神給予這方面的培養，它會對一切邪惡或狹隘情感的根基展開沖積：一切貪利或吝嗇、一切非人性的情感的根基。眾所周知，要說雄辯、熱心的宣揚音樂的作用，沒有哪個人可以和尊敬的路德（Luther）相比。不過儘管他的主張廣為人知，在我們中間也贏得了尊重，但是經驗依然響亮的、無可辯駁的證明了他最早堅持的那項主張具有的真理性。經驗早已證明，如果將強有力的心靈陶冶方法能夠給予的幫助摒棄，那麼這樣一個以同情原則為基礎建立的體系，將是不完善的。音樂在一些家庭和學校裡構成了一種快樂而高雅的氣氛，這種氣氛是這樣的重要，所以是要盡力保持的，這些

學校和家庭始終表現出自然、充滿道德情感而又喜氣洋洋的景象。因此，音樂藝術擁有較高的內在價值是毋庸置疑的，只有在道德空虛或野蠻的時代，音樂才會被貶低，淪落到無人問津、斯文掃地的地步。

音樂能夠產生並促進那種可以經陶冶而形成的人的最高等的情操，這種重要性我沒有再提醒你的必要了。路德發現的這條真理，幾乎已經是世所公認的了。他認為，音樂沒有人為的鋪陳，也沒有華而不實，呈現出的只有莊嚴而感人的質樸，提高和淨化真正的奉獻情感，音樂是幾種最為有效的方式之一。

我們曾經多次討論這個話題，曾經總為怎麼樣說明你們自己國家的情況而感到困惑，雖然音樂的作用同樣已經獲得了普遍的承認，但是音樂還是沒有成為普通教育裡面比較顯著的特色。這一見解看來彷彿是流行的，但是要實施起來，並不容易，需要有更多的努力、更多的時間，才能將其影響拓展到民眾教育裡去。

就像我有自己能感染你的把握一樣，目前我有同樣的信心，可以將任何一個來訪者感染，無論他對我們的教養所獲得的技藝，以及獲得的成功是不是產生了感觸。其實，在全瑞士幾乎沒有一所鄉村學校，在全德國或普魯士，可能也沒有一所這樣的學校。在那裡，不是為了讓學生學到起碼的音

樂知識而根據新的、更合適的計畫進行某種工作。

這是一個很容易觀察到的事實，也是一個無法辯駁的事實。最後，我用我們長期共同抱有的希望來將這封信結束，即只要改進是以事實為基礎的，並已經得到了經驗的證實，那麼一個在提倡或實行改進方面從不落後的國家就不會將這個事實忽略。

第二十四封信：繪畫

在上面的兩封信中談到的教育學科裡，我覺得還應該在音樂基礎知識上加上繪畫要素。

兒童的模仿能力

經驗告訴我們，兒童各種才能的最初表現形式，都是嚮往，並試著進行模仿。這就可以對語言習得的原因進行解釋，可以對為什麼最初模仿音樂發出的聲音是不完美進行解釋，大部分兒童在他們聽到喜歡的音樂時，都會出現這種情況。這兩方面的進步，由兒童對他周圍事物傾注的注意力的大小，和他們感覺的靈敏性所決定。這條原則不僅對聽覺和語言器官適用，對視覺和手的使用同樣也是適用的。兒童如

果對擺在自己眼前的物體表現出了好奇心，就會立刻開始運用他們的智力和技能進行仿製。大多數兒童會透過模仿建築物，模仿任何一件他們拿得到的東西，來想辦法建造某種東西。

他們和繪畫的關係

對他們而言，這種欲望是天生的，不應該被忽視。和一切才能一樣，繪畫可以有序的發展。所以，最好向兒童提供一些對他們這些最初的嘗試能夠發揮促進作用的玩具，並且要隨時的幫助他們。鼓勵都會對他們產生作用的，如果它可以將天真的歡樂激發出來，還能夠進行引導，引導到有益的工作上去，那麼就不應該停止。要避免讓他們每日每時單調的重複那些小玩藝，要讓他們的微不足道的娛樂豐富多彩起來，玩耍只要能夠引起他們的興趣，就會激發他們的智慧，提高他們的觀察力。

只要他們進行了這種嘗試，那麼要想實現這個目的，基本繪畫練習就是再好不過的方式了。一些預備性繪畫練習的過程你已經看見了，我的一些朋友透過這些練習，成功的促進了相當年幼的兒童實現這些目標。指望他們一開始就能將任何擺在他們面前的物體全貌畫出來，這樣的要求是不近情理的。他們一定要將構成這一物體的各個局部和元素進行分

解。他們每次完成這種嘗試，都會獲得驚人的進步，只有孩子們追求他們所喜歡的事情所帶來的歡樂才能與之相比……

　　儘早展開繪畫練習所能帶來的一般好處是有目共睹的。人們都清楚，那些對這門藝術非常熟悉的人差不多在觀察任何物體時，都會使用那種與眾不同的眼光。例如，一個習慣對植物的結構進行仔細觀察、並精通植物學體系的人，可以發現一朵花的大量顯著特徵，而一個不熟悉植物科學的人根本不會注意這些特徵。正是因為同樣的道理，一個有繪畫的習慣、特別是有臨摹大自然習慣的人，即使在日常生活當中，也能夠很容易就發現不少通常被忽略的情況。甚至對某些物體，他即使沒有觀察得很細微，也可以形成一種相對比較正確的印象，而對於一個從來沒有學過怎麼樣帶著描繪觀察對象類似物的意圖，去看待自己看見的所有事物的人來說，這一點他們是望塵莫及的。觀察物體的整體精確形狀，還有各部分的比例，是繪製一幅像樣的略圖所必不可少的，應該將這種觀察轉變為習慣，並在許多情況下讓其富有更多的教育和娛樂意義。

臨摹大自然

　　想要獲得這種習慣，就不能讓兒童僅限於臨摹別的圖畫，正確的做法是讓他們去臨摹大自然，這不僅是特別重要

的，還是必不可少的。和仿製品比起來，物體本身提供的印象看起來會更加生動、更加醒目。讓兒童嘗試著去對他周圍的東西進行描繪，對他感興趣的東西進行描繪，以此來訓練他的技能，這和他們費力的對那些本身也是臨摹的東西進行臨摹相比，兒童能夠得到的樂趣更多，因為臨摹來的東西看起來沒什麼生氣，也很難引起兒童的興趣。

同樣，就其對表現每一個物體的作用來說，把實物直接擺在眼前，不管是講光線和陰影方面的重要問題，還是講透視基本原理方面的重要問題，都是更容易的。有一點需要注意的是，我們提供的幫助，不應該擴展到具體的一筆一劃怎樣進行上。有些東西的解決，需要發揮才能，有些則需要用耐心和毅力。在經過一些無效的嘗試後得到的教益是很難忘記的；它讓人們在進行新的嘗試中獲得滿足感和更多動力；同時為最終的成功而感到高興，由此走出先前的失望，重新鼓起熱情。

製作模型

繪畫練習之後，可以進行用唾手可得的材料來進行模型製作的練習，這些練習一般可以產生更多的樂趣。即使不具備專門的手工操作才能，對多數人來說，可以製作某樣東西所帶來的歡樂至少也是能夠振奮精神的了；如果按照基於自

然的原則來學習繪畫和模型製作，那麼它們對學生今後學習其他學科，也都是非常有用的。

繪畫對其他科目的學習有幫助

關於別的學科，在這裡我只談兩個 —— 幾何學和地理學。我們已經透過借助這種預備性的練習，引入了幾何學的教程，因為這些練習可以展現各種複合體的分解方式，這些複合體由形狀的各種要素組合而成，所有圖案或曲線圖都是由它們構成的。那些受過這方面訓練的學童早已經熟悉了這些要素，他們清楚看待一個物體，要將其分解為最基本的成分，還要把它們分別畫出來。當然，這個學生不會對將要學習的各個複合體，還有構成各部分的材料一點都不知道。比如，一個總能遇到一個正方形或圓形，而且對這類圖形的構成已經很熟悉的人，一定會很容易的理解了這些圖形的性質。另外還有立體幾何學說，如果沒有示意圖型，那麼想達到令人滿意的掌握程度基本是不可能的。但是，如果學生對這種模型構造稍微有一些觀念，如果他們至少可以設計出那些構造不怎麼複雜的模型，那麼他們對立體幾何學說的理解就會更好，留下的印象也會更加深刻。

在地理學方面，是每一所學校都不能忽視粗略地圖的繪製訓練。透過這種訓練，可以最精確的理解比例範圍，知道

各個國家的大概位置，它能夠傳達的概念比任何描述都要清楚，還能夠在記憶中留下最深刻的印象。

第二十五封信：對母親的教育

我推薦的那些訓練課程，我猜測將會引起異議。我一定要先回應這個異議，然後再繼續討論智育。

即使這些練習正如所說的那樣是有價值的，即使我們可以滿意的看到某些要傳播的知識在社會各個階級中獲得了廣泛的傳播，然而還是能夠提出這樣的問題：我們可以指望這些練習在哪些地方、以什麼樣的方式，在上層社會以外的那些階層裡獲得普及？你會在那裡發現，如果母親們想做的話，她們就有擔負起指導孩子展開這種練習的工作的能力。不過考慮到現在的情形，想要在民眾裡找到可以勝任指導她們的孩子訓練的母親，這難道不是一種幻想嗎？

對於這種異議，我的回應是，首先，用現在的情況來反對將來的事情，通常都是不合理的。就像我們現在面臨的情況一樣，不管在什麼時候，只要能夠證明現在的情形是不完善的，但是又是可以進行改進的，那麼任何一個人類的朋友都會對我的意見表示贊同，認為這種觀點是無法接受的。

第四章　致格瑞夫斯的信

　　這種觀點是無法接受的，因為它和經驗相反。歷史的篇章在告訴一個善於思考的觀察者，在一系列偏見的影響下，人類掙扎著前行，將偏見的鎖鏈一個接一個的衝斷。

　　歷史上最有趣的事件，無非是完善那些過去覺得是不可能的事情。限定才智的改進是沒有用的；要限制仁慈的努力更是枉費心機。

　　這樣說，這樣的結論是無法接受的。歷史已經給出了直接的證明。大量的重要事實對我們的要求和希望給予了直接的支持。兩千多年前的那些最明智、最活躍的博愛主義者們，是無法預見智育領域裡發生的這些變化的，他們無法預見到那些工具。這些工具不只是促進了少數人的研究，還將這些研究的實用成果，速度驚人的傳遞給了世界最邊緣國家的成千上萬的人們。那些最輝煌的發明他們無法預見，這種發明將愚昧和迷信從它們盤踞的堡壘趕了出來，利用最廣泛和最有效的途徑傳播著知識和真理。他們無法預見到，甚至在那些過去命中注定要盲目信仰、被動服從的人們中間，也會喚起探究精神。

知識的傳播

　　確實，如果有一種特徵，透過它可以表現現在的時代有重新獲得元氣的希望，治癒那些受難民族所遭受的創傷，那

麼它就是 ── 我們見到各個方面正在進行的種種努力，其範圍空前廣泛，為的是人們獲得智力獨立性的那一部分提供熱情的幫助，而如果不具備這種智力上的獨立性，就無法獲得真正的人格尊嚴，人的責任也無法充分的履行。看到一部分人會注定隨知識發展而發展，這一景象讓人對前景充滿了信心。幾乎在一切領域，才華出眾的人已經為那些缺乏時間或才能在基礎知識中耕耘，或者無法跟上科學的高度發展的人採集了花朵、收割了果實；與此同時，還有一個更為切實的目標，那就是讓初級階段變得容易，打好基礎，確保可以緩慢但穩健的朝前發展。在現實中，這一點最合適的適應了人類的理智天性，也最適合人類理智才能的發展 ── 人們追求這種目標，始終是有興趣、有熱情的，甚至我在鄰近的那些地方看到的種種結果，也充分表現人們是不會放棄這種追求的，眼下離最後的成功已是為期不遠了。

缺乏母愛是不行的

這是一種令人興奮的前景。但是，我親愛的朋友，這種前景並非我一生希望的寄託。我的寄託並非知識的傳播，無論是按照傳統的辦法，在學校裡面吝嗇的施捨，還是按照新的原則，在各種教育機構裡慷慨的傳授，要麼是服從於考試，要麼為了改善成年人而將知識公開化 ── 這一代人，

或者說任何一代人的幸福都沒有被我僅僅寄託在知識的傳播上。不，除非我們成功的提供一種新的動力，可以將家庭教育的作用提高；除非道德和宗教情感可以用來提高同情氣氛，並在那裡傳播開來；除非在早期教育中，讓母愛比任何別的動力都用得更多；除非母親能同意，甚至是樂意的聽從自己真實情感的召喚，而不是僅憑自己的一時高興，或者不加思索的習慣；除非她們同意作母親，並真正的發揮母親的作用 —— 除非上面說的這些情況成為教育的特點，否則我們的一切希望和努力，最終都只能以失望宣告結束。

家庭生活是真正的教育中心

那些實際上已經徹底的曲解了我和我的朋友們的計畫的所有真意的人，他們推測在我們為民眾教育所做的種種努力中，現在還沒有考慮到一個比教學制度的改進、或者可以說是對智力訓練的完善更加高尚的目標。我們始終忙著改良學校的工作，因為在我們看來，發展教育，學校非常重要，但是圍在爐子旁邊比學校還要更為重要。我們已經竭盡所能，設法教育孩子們長大成為教師，我們有充足的理由對憑藉這一計畫得到了實惠的學校表示祝賀。不過我們也認知到，我們自己的學校和每一所學校的首要責任，也可以說是最重要的特色，是在那些委託我們照管的學生中發展那些感情，用

那部分知識來武裝他們的頭腦，在以後的生活中，這些感情和知識能夠讓他們一心一意的、孜孜不倦的將他們的一切能力，用在那些應該在家庭範圍內流行的純真精神的傳播上。總而言之，誰要是想對年輕一代的幸福表示深切的關心，那麼就應該把對母親的教育視為他的最高目標，僅此而已，別無他途。

第二十六封信：母親對兒童教育的重要意義

允許我再重申一次，我們不能指望在教育方面獲得一點點真正的改進，這種改進應該始終被認為是範圍廣闊的改進，應該隨著時間的推移而持續的擴展，隨著它的展開而越來越強 —— 除非我們從教育母親入手，否則我們永遠都不能指望獲得那種性質的改進。

在家庭圈子裡做那些學校教育不能實現的事情，這是母親們的責任：用那種在學校中全神貫注的管理所有學生的態度來對每一個孩子表示關心；當心可以做出最好的判斷時，就讓她們用心來說話；用慈愛來贏得那些權威永遠都不能贏得的東西。

但是，充分的挖掘自己所有知識，並讓她們的孩子從中

獲益，這同樣是她們的責任。

　　我明白在現在的情況下，很多母親自己會聲稱，或者會被他人視為是無法勝任這類嘗試的；因為她們不僅在知識上如此貧乏，還沒有傳授知識的實踐經驗，所以對她們來說，承擔起這樣一個任務，看起來是異想天開、徒勞無益的。

　　那麼，這就是我決意要就經驗所涉及的範圍來予以否定的事實。我現在所說的，不是那些他們在教育上就算不是非常勤奮、然而至少或多或少受到了關注的階級和個人。我現在考慮的是其教育在這種或那種環境中都被徹底忽視了的母親。我設想一個對閱讀和書寫一竅不通的人，雖然還沒有這樣的國家 —— 那裡的學校會處於這種狀態，也就是你會遇見一個對閱讀和書寫完全不懂的人。我要進一步說明，這是一位年輕而缺乏經驗的母親。

　　現在，我敢冒昧的說，這個貧窮而無知的、這個年輕而又沒有經驗的母親，即使在兒童智力發展這方面，也並不是一點提供幫助的辦法都沒有。

她教給他各種物體的名稱

　　無論她儲存的經驗多麼貧乏，無論她自己的才能多麼平庸，但是她一定是知道很多她熟悉的事實 —— 我們可以說這些事實存在於日常生活當中 —— 但對她的嬰兒來說，這些事

實還是陌生的。她一定很清楚，迅速了解其中某些事物，比如指出哪些可能會接觸到的事物，對於嬰兒而言很有價值。她一定能夠意識到，自己只要這樣：將物體擺在孩子眼前，說出它們的名稱，並讓孩子跟著自己一起說，就可以讓孩子很容易就掌握了各式各樣物體的名稱。她一定會感到自己可以按照一種自然的秩序，將物體展示給孩子，比如，一個果實的各個組成部分。不要讓人們因為這些東西微不足道而對它們是藐視的態度。有的時候，我們甚至對和這些東西有關的最起碼的常識，也是一點都不知道的。因此我們要對那些將這些微不足道的東西教給我們的人們表示感謝。

她和孩子談家庭周圍的環境

不過我的意思並非母親到這裡就可以停下腳步了。甚至那些我們剛提起的那種母親，那種完全沒有知識又缺乏經驗的母親，也是可以有更進一步的作為，可以傳授給孩子更多的、各式各樣的確有用的知識。她將那些最早擺在兒童眼前的物體都說完以後，在兒童已經掌握了它的名字，並可以區分每個物體的各個組成部分後，她或許還能想起來，這些物體中的任何一個，都是還有東西可講的。她能夠發現，自己可以向孩子描述這些物體的大小、顏色、形狀、顏色，外表的軟硬，碰擊時的聲音，諸如此類。她現在已經有了實質性

的進步，在她的引導下，兒童已經從只是了解物體的名稱，進展到了認識了這些物體的性質和性能。她接著描述和比較不一樣的物體的這些性質，以及屬於這些物體的性質的大小程度，對她而言，這就是最自然的了。如果說之前的練習適合記憶力的培養，那麼這些練習則是比較適合觀察力和判斷力的星辰。她還能夠有更進一步的作為：她可以將關於物體的原理和事實的原因告訴她的孩子，她可以將各種物體的起源、存在、持續過程以及終結告訴孩子。每天每時每刻發生的事情，都可以用來作為她這種教學的材料。它的作用很明顯；它教育兒童探索事物的原因，讓他養成思考事情結果的習慣。將來在別的場合有機會，我來探討一下道德和宗教教學的問題。一句話概括，在這裡我只想指出，上面提到的那類練習，它們幾乎是能夠無窮無盡的變化和擴展，那些習以為常的事情，都可以被它當作闡述相關學科真理的最簡單的實例。它能夠讓兒童去思考行為的後果；它能夠讓人的頭腦變得擅長思考。

所以，我不清楚還有哪一種動機比母親竭盡全力的讓她孩子的智力、體力和道德發展的願望能夠讓那些艱辛的努力變得更加有趣。無論她的方法怎樣有所局限，或者最初她的成就怎樣有限，有一種東西將會，而且是一定會讓她欲罷不能，它會刺激著她去進行新的努力，最終這些努力將會獲得

成果，這些成果越讓人滿意，也就越不好獲得。

經驗已經告訴我們，那些處在我前面說過的、從表面上看似乎是處在絕望境地的母親們，已經獲得了她們意想不到的成就。在我看來這是一個新的證據，可以說明這樣一個事實：對母愛來說，沒有什麼事情是困難的。我堅信，母愛是熱烈而不知疲倦的，同樣的因為母愛受到了力量的鼓舞、為信仰所昇華──我堅信母愛一樣能夠在努力中獲得增強，並找到繼續走下去的方法，即使是在表面上最沒有辦法的方面。

就像我上面所揭示的那樣，雖然引導兒童的注意力到有用的事物上去這件事絕不困難，但是說「對付兒童我實在無能為力」這樣的抱怨卻隨處可見。如果是出自一個沒有因為他的特殊情況而受命去從事教育工作的人這種抱怨，那麼認為他在別的方面要比他在努力的去做一件他並不喜歡並且又不具備突出的工作方面讓自己更有價值，這樣的看法是對的。不過這些抱怨絕不應該從一位母親的嘴裡說出來。母親是注定要將自己的注意力放在教育上。這是她的責任，在她內心裡，良知的呼聲也會告訴她，這是她的責任。如果沒有履行這一責任的資格，也就談不上責任感，也就談不上用愛的、自信的、勇敢的精神去承擔一種責任。如果那樣的話，最終也一定會失敗的。

第二十七封信：女子教育中品格與知識並重

如果曾經有一位母親，她自己並沒有受過教育，也沒有獲得任何的幫助，卻盡自己的全力為孩子做了非常多的事情，她一定是一位特別稱職的母親！如果對她的能力進行適當的培育，並且由那些早於她從事這項工作的人的經驗來指導她施行教育措施，那麼她一定會滿懷自信的期待著作為母親而付出的種種努力所帶來的成果！

早期教育的重要性

所以，我在上封信中所說的事實不僅沒有說明我的觀點是值得懷疑的，而是直接證明了它是正確的，而且還具有便利性。那麼我現在要重申這一點，並且我要向所有和我一樣渴望讓我們現在不完善的教育制度得到變革的人，要用最強有力的語言來講述這一點。假如你真的想用你的時間、你的才能、你的技巧和你的影響來著手進行一項很可能對你同類中的大部分人都有益的事業；假如你是想著提出一個治本的辦法，而是想讓那種種弊病得到永久性的治癒 —— 已經有許許多多的人沉淪其中、成千上萬的人正身受其害；如果你不想只是建構一座能夠憑藉壯麗的外觀吸引人、能夠暫時讓你

留名、但最終會像「空中樓閣」一樣消失的建築物；相反，如果你寧願選擇扎實的改良，並不追求暫時的效益，寧願選擇長遠的利益，而不要一鳴驚人的成果，那麼你要注意，不要讓表面的需求分散了你的注意力，不要讓次要的需求吸引了你的注意力，而要馬上將你的注意力集中到這個重大而普遍卻又鮮為人知的根源上：它正以無法估算的數量和前所未有的速度產生著善與惡，將你的注意力集中到兒童早期經歷的生活方式上來，集中到教育兒童那些被委託或應該被委託照護兒童的那些人上來。

需求：培養未來母親的學校

在所有的教育機構中，一個這樣的學校的價值是最高的，其教育的重要使命不是單純的追求一種對各式各樣日常生活目的有幫助的方法，在那裡，教育應被視為一個本身就應該予以最認真的關注的目標，並讓其實現最完美的程度；從這個學校走出來的學生要去做教師，做教育工作者；最重要的是這個學校要使女子的品格自早期歲月起就朝這個方面發展，使之能在早期教育中發揮重要的作用。

想要實現這一點，就要對女子的品格有透澈的理解，並給予充分的肯定，這是非常有必要的。就這個題目來說，除了對一位意識到自己的責任、能履行這些職責的母親進行觀

察外，再沒有別的令人滿意的方法了。在這樣一位母親身上，除了她端正的品德、溫文爾雅的舉止和堅定的原則外，感情和判斷力的令人欣慰的結合更讓我們感到欽佩，這構成了她那雖然簡單無差錯的行為標準。

女子教育

要讓頭腦裡產生這種令人感到欣慰的結合，對女子教育來說很重要，就像它絕對不是要扭曲判斷力或讓其帶有偏見一樣，它也遠不是非要將任何約束強加在感情智商。對女子品格中表現出來的這種顯著的感情優勢需要得到那些希望將它與智力和意志能力的發展相和諧的人的注意，這種關注應該不只是最明確的，還是最親切的。

學習知識和對智力的開發應該是不鞏固的、不全面的，要不女子品格中的純真就很容易泯滅，一切真正可親可愛的品格都有可能隨之泯滅，這種假設完全是一種偏見。任何一種事情都取決於學習知識的動機和學習知識所用的精神。讓動機達到為了給人類天性帶來光彩的境界，讓那種精神也達到一樣的境界，即讓其與一切女子的品格 —— 「不是顯露的、炫耀的，而是含蓄的」 —— 的優點並駕齊驅，用謙虛讓知識得以鞏固，用細膩來避免出現感情用事。

　　比如，我這裡有大量的例子，我可以從裡面選出一例來說一說，這些例子並沒有因為其鮮為人知而失去關注的價值。我要說的例子，有一位母親花了很多的時間，想了很多的辦法來學習某些學科的知識，在她以前接受的教育裡這些知識是不完整的，但是她覺得這些知識將會在自己孩子的教育中展現價值。這已成為一個實例，說明有許多人雖然在很多方面已經獲得了一定的成就，但他們還是覺得有種種不足，並想要彌補這些不足，這樣做就算不是為了他們自己，至少也是為了他們的子女。

　　我們從來沒有聽說母親對自己為了能最完美的教育那些最接近的和最心愛的人而苦心鑽研感到後悔。即使我們無法預期她的願望將來會有怎樣的成就，因為他們在按照她指引的道路前進，她透過這個工作直接獲得的歡樂就已經讓她心滿意足了。

　　「……為了培育柔嫩的思想，

　　和教年輕孩子們的意識如何發芽生長。」

　　在此我認為最有力量的動機是母愛。然而提供種種動機將是早期教育的任務，這些動機甚至在稚雛之齡就可以激起動腦筋的興趣，這些動機與人類天性中最美好的感情相輔相成。

第二十八封信：事物與文字

記憶與理解

如果一位母親希望積極投身於孩子的智力教育，那麼我首要的建議是，她要注意的不只是要考慮向幼兒的頭腦傳遞什麼樣的知識，還要考慮要用什麼樣的方式來傳遞。對於她追求的目標來說，後者的重要性甚至高於前者，因為她想要傳授的知識無論多麼完美，都得依賴於她傳授這種知識的方式，她的這種方式要麼讓這種知識完全進入對方的頭腦，要麼依然是沒有價值的知識，既不符合兒童的各種能力，又無法激起兒童的興趣。

在這方面，母親要可以熟練的識別純粹的記憶活動與其他腦力活動的不一樣之處。

在我看來，我們將大量時間的浪費和不可靠的顯示膚淺的知識這種狀況的原因，都認定為是缺乏這樣的區分，還是很有把握的。在各種學校中，包括程度較低的或程度較高的學校，這種情況都是屢見不鮮的。只根據記住了一些名詞術語，就斷定已經學會了知識，這完全是一種謬論。即使對方已經正確的理解了這些名詞術語，那也只是傳授了知識的表達形式。即使已經正確的理解了 —— 這一條件是最為重要

的——同時也是普遍為人們所忽視的。只是讓學生記住了一些單字，自己不進行充分的解釋，也沒有要求學生這樣，對於那種懶惰而又無知的人來說，這種教學方法無疑是最方便的方法了。此外，再考慮到學生身上存在的一種強有力刺激——虛榮心，有些學生渴望得到表彰讚揚、渴望出人頭地，有些學生則擔心受罰或害怕被揭短，於是我們就要面對上面說的種種主要的動機。

因為這些動機，即使這是一些不幸的教學方法，但長期以來，它們還是為那些完全不加思考的人的支持，為那些沒有進行充分的獨立思考的人容忍。

剛才我所說的記憶訓練排斥了編排有序的理解訓練，它特別適合那種長期以來教授那些已經廢棄了的語言的地方。目前有些地方還在教授那些語言，運用的教學方法是生吞活剝式的，再加上深奧而晦澀的規則和強制性的紀律，從智力發展的角度看，這是一種荒謬的情況，從道德的角度來看則是可憎的，不過究竟哪種評價更為合適，則很不好說。

重要的不是單字，而是事物

如果在認為智力可以獲得某些發展的時期，在至少不用這樣經常而焦急的去專門留意智力的時期運用這樣的方法、展開片面的記憶訓練，這樣是荒謬的，將會產生有害的結

果。在稚雛之齡，他們的智力才剛露端倪，沒有形成識別能力，還無法將有差別的各種事物的概念存入記憶，這時要孤立的培養記憶力就更加荒謬了。對一位母親而言，應當避免這種錯誤發生，首要的法則是教育永遠都要借助事物而非單字進行。除非你打算將物體本身展示給兒童，否則就要盡量少的向兒童說這些物體的名稱。如果遵循了這個原則，就可以在回憶由感覺獲得的和由物體引起的感覺印象的同時，也將物體的名稱記住了。和只是透過道聽塗說相比，透過擺在我們眼前的事物來獲得某種概念，能夠更有力的吸引我們的注意力，並且還可以保持得更持久，這是一句古老的格言，也是一句千真萬確的真理。

　　但是，如果母親要利用事物來教育孩子的話，她還一定要記住，對於概念來說，只是將事物擺出來還遠遠不夠。一定要解釋事物的性質、說明事物的由來、描述它的各個組成部分，將各部分與整體的關係弄清楚，它的用法、作用和結果也需要闡明。所有這些都一定要做到，起碼要全面、清楚，能讓兒童將這個事物和別的事物區分開，並可以說明為什麼會有這個區別。

　　按照這個做法就可以形成概念，並達到盡善盡美的程度。當然這個方案也可以在不一定始終由母親控制的條件下

實施，也可以獲得同樣的結果。但是，類似上面說的做法是應該且一定要去嘗試的。不管在什麼地方，教育的目的都是獲得更高的品質，而不只是機械的對記憶進行訓練。

圖片

有些東西無法拿來擺在兒童面前，所以這時就應該使用圖片。人們會發現，只要是以圖片為基礎的教學，都是兒童們喜愛的學科。如果兒童的這種好奇心獲得了正確的引導，獲得了適度的滿足，那麼就可以證明，這是一門最有用、最有教益的學科。

無論什麼時候，關於一個抽象概念的知識，當然這裡指的是任何物體也無法表示的概念，還能夠根據同樣的原則傳授給兒童，即必須透過一個擺在兒童面前的實例作媒介物，利用實例提供那個概念的等價物，以此來將概念本身表現出來。這就是在說概念的原始意義。使用寓言故事，這也和那個絕妙的古老格言不謀而合：「口頭教誨是一條艱辛而漫長的道路，而榜樣則是一條輕鬆的捷徑。」

第二十九封信：兒童是他自己的教育者

關於幼兒理智的早期發展，我要提供給母親的第二條法則是：不能只是讓兒童被動的受教育，還要讓他成為智育中的動因。

兒童的自發活動

我不妨解釋一下我的意思：母親要記住，她的孩子不只具備注意和記憶某些概念或事實的能力，還有不為他人的思想所支配的獨立思考能力。讓兒童去閱讀、書寫、聽講以及複述都是有好處的，不過讓兒童思考所能獲得的好處則是更大的。我們也許可以利用他人的見解；我們也許已經感覺到了解這些見解對我們來說是有價值的、有幫助的；我們也許會從它們的啟發中受益。不過，利用我們自己的腦力勞動，利用我們自己探索的成果，依靠和運用這些觀點，我們能夠將其稱為我們自己的智力財富，我們由此可以讓自己成為對別人最有價值的人，我們由此具備了社會有用成員所具有的資格。

這裡我說的不是那些經常為人們所提起的、可以推動科學進步或對整個社會有益的觀點，我說的是那種任何一個人，即使是最質樸的人、處在社會最低層的人都能夠獲得的

智力財富。我說的是這樣的一種思考習慣：有了它，任何情況下就都不會再出現不加思索的盲動。思考習慣總是積極的去對讓其思考的東西加以仔細考慮；這種思考習慣已經將無知的自滿或「淺薄的」輕浮克服，能夠讓一個人謙虛的承認自己知道的實在很少，讓他意識到自己懂得的並不算多。經常性的、自覺的思考習慣，應該在幼兒的頭腦中形成這種思考習慣，早期發展這種習慣是最有效的了。

母親經驗性的知識要比哲學指導意義更高

有人覺得幼兒的大腦根本無法進行任何思考，並反對讓他們思考。不能讓母親因為這些反對就止步不前，因而造成損失。我可以冒昧的說，這樣認為的人，或許是最為淵博的思想家，或許是最偉大的理論家，但是現在可以發現，他們根本不具備一點點這方面的實際知識，對這個問題的調查研究，他們一點道義上的興趣都沒有。而我總是對母親的經驗性的知識無比信賴，母親因母愛情感的推動而做出的種種努力是它的來源。我對這種經驗知識無比信賴，即使是一位文盲母親的經驗知識，而不會相信那些最有才華的哲學家們的理論假設。這樣的情況屢見不鮮：健全的感覺和富有同情心的心靈比一個十分精明、冷酷而且總在為自己考慮的頭腦看得更遠。

第四章　致格瑞夫斯的信

所以，我要呼籲母親開始進行這項工作，而完全不用顧忌會有什麼樣的反對意見出現。她如果能夠聽從我的勸告開始去做，那就行了；她就會自己繼續做下去；她就會從自己的工作中收穫愉悅感，樂此不疲。

當她展示出幼兒腦中的瑰寶，將這迄今為止始終沉睡著的思維領域喚醒時，她將不會再去羨慕哲學家們的自信，在哲學家們看來，人的大腦是「一片空白」。因為她調動了所有的腦力，全身心的投入在這項工作當中，她就會對哲學家們獨斷專橫的假說和故弄玄虛的學說予以嘲笑。她不會為天賦觀念是否存在這個無法解決的問題而感到困擾，假如她成功的讓頭腦中的先天能力得到了發展，她就會心滿意足。

如果有位母親問道，要想讓思維得到有效的發展，哪些學科可以作為工具，那麼我可以這樣說，只要是用和兒童才能相適應的方式來教，任何一門學科都可以讓思維得到發展。從不為選擇一個能夠解釋說明某個真理的事物而覺得困惑，這就是教學藝術的偉大之處。一個事物是如此的微不足道，以至於一位熟練的教師把它拿在手裡，都不會引起兒童的興趣，這樣的事物是不存在的，即使這興趣並非來自物體本身，至少也能是來自教師用它進行教學的方式。對於孩子而言，任何事物都是新鮮的。新奇的魔力是轉瞬即逝的，這是真實存在的。如果沒有多年養成的愛挑剔的習慣，至少也

有幼兒期的急躁情緒可以與其相抗衡。不過在另一方面，教師將簡單的要素連結在一起的好處是很大的，這樣既能夠變化課題，還能不讓注意力分散。

我上面說的是任何一門學科都可以培養智力，那麼我要補充一點是，這一點是要不加歪曲的去理解才行。不僅在兒童的生活中沒有哪件事情是微不足道 —— 消遣和娛樂活動、和父母、朋友還有遊戲夥伴的關係 —— 而且事實是，在他們的注意力所及範圍以內，也是一樣的，不存在微不足道的事情。不管是和大自然有關的事情，還是和職業和生活技能有關的事情，不僅可以作為學習的對象，利用它們來教授一些和其有關的、有用的知識，而且還有一點更為重要，那就是透過它們，能夠讓兒童養成對看見的東西進行思考、並在思考之後將自己的意見發表出來的習慣。

談話和提問的方法

這一工作的實施起來，絕對不是對兒童講話，而是要和兒童交談；並非要向兒童講述很多的單字，無論是熟悉的還是精心選擇的單字，而是要對兒童進行引導，讓他們自己就這個話題進行表述；不是要將這個問題無一遺漏的講述出來，而是要向兒童問和這個題目有關的問題，讓他找到並糾正答案。幼兒的情緒不太穩定，所以指望他們可以傾聽冗長的講

解是十分可笑的。長時間的講解會讓兒童的注意力麻木，而生動的提問卻可以將兒童的注意力牢牢抓住。

這些問題要盡量簡短、清晰、好理解。這些問題不應該是讓兒童用相同和不同的措詞將他剛才聽到的內容重複出來。應該用問題來激發兒童對擺在眼前的事物進行觀察，去回憶他們已經掌握了的知識，並且去他們那並不多的知識儲存中搜尋，以找到可以回答問題的素材。告訴他們某一事物的某些性質，讓他們在別的事物裡找出一樣的性質來，告訴他們球的形狀叫「圓」，而如果在你的引導下，他們找到了同屬於這一範疇的其他物體，在調動他們自身的積極性方面，這比最完美的向他們闡述圓形物的效果更好。一種情況是他們不得不進行傾聽、回憶；而另一種情況是他們不得不進行觀察、思考。

第三十封信：厭倦是教學的主要弊病

一定要指望兒童努力

當我在建議母親一定要避免她的教學讓學生感到厭倦時，我並沒有在提倡這樣的觀點：教學應該一直具有娛樂性，

甚至具有遊戲的性質。我不得不承認，如果教師接受並遵照執行了這樣的觀點被，那麼將永遠都無法得到牢固的知識，而且，因為學生沒有努力的欲望，就一定會造成我想用我的不斷調動思考力量的原則所努力避免的那種結果。

　　兒童一定要在早期的生活中獲得這樣的教訓，這種教訓往往來得太遲了，所以也是一種最為痛苦的教訓 —— 要想獲得知識，一定要進行努力。然而，不應該教育兒童將努力視為一種無法避免的災難。不能讓恐懼成了激勵努力的動力。這會將興趣扼殺，並會迅速的導致厭學情緒的產生。

興趣應當推動努力，而不是懼怕

　　這種興趣可以說是學習中的頭等大事。在我們現在面臨的情況中，教師、母親應當努力的激發興趣，並讓興趣保持下去。沒有任何一種情況能夠說明，兒童不夠用功的原因不是缺乏興趣；可能也沒有任何一種情況能夠說明，缺乏興趣的原因不是教師採用的教學方式。我甚至打算將它作為一個法則定下來，不管什麼時候，只要兒童對學習表現得漫不經心，並表現明顯的對課程缺乏興趣，那麼教師就應該始終先找自己的問題。當兒童面對大量的乏味枯燥的資料時，當兒童不得不安靜的聽著冗長的講解時，或者不得不完成那些根本不會讓頭腦得到調劑，或者對頭腦一點吸引力都沒有的練

習時 —— 這就是一種精神上的負擔，是教師一定要竭力避免強加給兒童的。同樣的道理，如果兒童因為還不具備成熟的推理能力，或者對某些事實還不了解，所以還無法領悟或聽懂和某一課文有關的一些觀念，這時要逼著他去聽或者複述那些對他而言只是「沒有意義的語音」，這毫無疑問是荒謬的。而就在這個時候，這一切再加上對懲罰的恐懼 —— 除了單調乏味以外，實際上單調乏味本身也算是一種懲罰了 —— 將是非常殘忍的。

懲罰

眾所周知，在所有暴君當中，最殘忍的要屬位卑的暴君，而在所有位卑的暴君當中，學校的暴君是最殘酷的。現在，在所有文明國家中，禁止一切種類的殘忍行為，甚至對動物妄施不仁，也會受到懲罰，有些國家是這樣規定的，而在任何一個國家，這樣行為都將受到大眾輿論的譴責。那麼人們為什麼對殘酷的對待兒童，會如此普遍的不聞不問，或者換一個準確的說法，會將其視為理所當然的事情呢？

誠然，有些人會和我們說，他們自己所用的方法是非常仁慈的 —— 他們的懲罰不怎麼嚴厲 —— 或者說他們已經將體罰廢除了，然而我恰恰不是反對他們的嚴厲 —— 我也不會冒昧的斷言任何情況下教育都不允許進行體罰。他們對懲罰

的用法才是我所反對的 —— 我要反對的是這個原則，即當教師和學校制度該受責備的時候，受到懲罰的卻是兒童。

只要還繼續存在這種情況，只要教師不願承擔或沒有能力勝任將學生生龍活虎般的學習興趣激發出來的重任 —— 他們就不應該再抱怨他們的學生不用心聽講，或者抱怨某些學生可能產生的厭學情緒。單調一定會壓抑年輕人的心智。假如我們可以親眼目睹那些難以描摹的單調，難熬的時間一小時一小時的慢慢流逝，他們對課程既不喜歡，也不知道其用途；假如我們還想回憶起自己童年時所經歷的同樣遭遇，那麼學童的懈怠、他們「慢吞吞的去上學，勉強得像蝸牛一樣」就再也不會讓我們感到詫異了。

我這樣說的意思並不是在提倡懶散，或者提倡那些即使在辦學最為有方的學校裡也總能看到的不規範的行為。但是我想指出的是，為了防止上面說的這些情況成為普遍的現象，最佳的辦法是採用一種更有效的教學方式，用這種方式引導兒童不再放任自流，不再從事那些令人討厭的活動，不再因為微不足道的、情有可原的失誤而遭到嚴厲的懲罰，反過來用問題來將他們喚醒，用實例來對他們予以激勵，用慈愛讓他們產生興趣，並引導他們去學習。

教師和受教者之間的共鳴

在教師的興趣和他要傳授給學生的東西之間,存在非常明顯的交互作用。如果他沒有將全部精力都投入到所教科目當中,如果他對所教內容學生是否理解,他所用的方法學生是否喜歡並不關心,那麼他一定會疏遠學生對他的愛戴之情,讓他們對他講的東西漠然置之。但是,對教學工作的真正興趣 —— 親切的語言和更親切的情感,面部表情還有眼神 —— 絕對不會不影響學生。

第三十一封信:基本方法

你知道,我主張採用的那些練習都有這樣的特點:透過對思考的啟發形成智慧,以讓學生有效的動動腦筋,在智力上為將來的職業做好準備。

從多方面說,我都可以將它們稱作準備性的練習,它們包含形、數和語言等要素。在我們的生活進程中,不管學習什麼觀念,都能夠透過這三大類中的任何一類作為媒介而將這些觀念引入進來。

數和形

大腦從外部世界所獲得的所有印象的自然尺度，由數和形的關係與比例構成。它們是物質世界的尺度，也包含物質世界的性質；形是空間的尺度，而數則是時間的量度。兩個或兩個以上的物體因為在空間上是彼此獨立存在的，所以相互區別。它們於是就含有其形狀概念，換言之，就含有它們所占據的精確空間的概念；它們又因為存在於不一樣的時間而互相區別開來，於是它們就歸入數量範疇。

我之所以要如此早的促使兒童對數和形的要素進行留意，除了因為它們具備一般意義上的用處之外，還因為講解它們是最容易講清楚的 —— 當然，這種講述和那種讓那些缺乏能力的人感到難懂並索然無味的講解大不一樣。

數的要素，或者準備性的計算練習，通常能夠透過讓兒童看某些呈現數量單位的物體來進行訓練。兩個球、兩朵玫瑰花和兩本書的概念兒童都可以接受，但是無法接受抽象的「2」的概念。你要是不先將這種關係實際展示給兒童，你怎麼能讓他理解 2 加 2 等於 4？從抽象概念著手進行教學不僅荒謬，還有害，也絕對不會有一丁點的幫助。這樣的教育結果最多是讓兒童機械的死記硬背 —— 但我無法理解它；這種事實損害的不是學生，而是教師，他們只會機械的訓練，而

不會更高階的教學。

如果這些要素這樣清晰易懂的來教授，那麼要繼續教一些稍微難一點的內容也往往會容易一些。不過始終都應該知道，整個教學都一定要透過提問來進行。一旦你已經讓兒童掌握了用來辨認數目的名詞，那麼你就能夠用它來回答任何和簡易的加法、減法、乘法或除法相關的問題，用一些注入圓球這樣的能夠代替數量單位的物體，來進行實際的演算。

高等算術

有人認為那些對經常出現並具體可見的數量單位的實例已經習慣的兒童，利用這些實例可以解答一些算術問題，但只要離開了圓球或者別的代表數量單位的實例，就無法理解抽象的計算問題。這種觀點已經遭到了駁斥。

目前經驗已經顯示，那些利用上面說的方法獲得這些基本要素的孩子，是有兩個別人所沒有的重要優勢的。首先，他們不僅十分清楚他們正在做什麼，而且也完全清楚這樣做的道理。解答習題所依據的原則他們已經掌握；他們並非在單純機械的照搬公式；如果問題的表述形式出現了變化，他們不會不知所措，而那些只知道機械的規範運算而不知道其原理的人就會這樣。一旦從中獲得了自信心和安全感，問題形式的變化還會為他們帶來更多的樂趣 —— 一個難題解決

了，因為意識到一種……愉快的努力，總是激勵他去將一個新的難題解決。

心算

第二個優勢，是兒童已經徹底的掌握了那些圖解式的基本練習以後，他們會顯示出非同尋常的心算技巧。不用石板或者紙張，也不用做任何數字紀錄，他們不僅可以演算數目較大的習題，還能整理和解答那些原來即使有筆記的幫助或者可以在紙上運算好像也很不好算的題目。

你們國家的許多旅行者來我們學校參觀，這讓我感到非常榮幸。無論他們如何沒有興趣或沒有能力來對我的所有計畫進行研究，但都對我們的學生可以如此輕鬆，而且是如此迅速的解答參觀者提出的那些算術問題，表示非常驚訝。雖然對於一個希望看到自己的計畫透過其成果得到肯定的人來說，絕不會對局外人的認可漠然視之，不過我現在提到這一點，以及我當時覺得很高興，都不是因為這樣可以炫耀我自己。學校活動讓人們留下的印象之所以讓我感到非常有意思、非常滿意，原因還在於它神奇的證實了我們的初級課程是有用的、合適的。

費了許多周折，至少對我來說是這樣的，所以我才堅持這一原則，即訓練兒童的頭腦，應該用來自現實的例子，而

不是根據抽象概念推導出來的規則；教學，也是應該透過事物，而不是透過字詞。

幾何學

在一些涉及形狀要素的練習中，我的朋友們已非常成功的恢復並發展了那種被古人稱為分析法的方法 —— 即用問題引出事實，而非用理論來陳述事實；說明問題的原委，而非只是就事論事；就是引導人們動腦筋進行創造，而不是滿足於別人的創造，停滯不前。運用這種方法確實對大腦很有好處，確實能夠產生激勵作用，結果我們已完全明白了該怎樣去評價柏拉圖（Plato）的原則，即不管誰希望成功的學習形而上學，都應該從幾何的學習入手。它並不是指學習掌握某些圖形和資料的某些性質或者比例（雖然在許多情況下，這些可以運用到實際生活當中，對科學的進步也是有幫助的），而是推理的精確、創造的才華，它們事實上是透過熟悉那些練習而獲得的，它們讓智力獲得了進行各種活動的資格。

語言本國的和外國的

在數和形的練習裡，最初所需要的抽象觀念要少於在同類語言練習中所用到的抽象觀念。不過這裡我要認真的強調一下教授本國語的必要性。外國語或那些已經被廢棄不用的

語言，對於那些將這些語言掌握有用的人而言，或者對那些迷上了這些語言的人而言，如果他們的愛好和習慣讓他們著了迷，那麼在我看來，他們完全應該去學習。但是我的原則還是，我認為應該儘早的引導兒童，對他的本國語進行深入的了解，並完美掌握，不應該有例外。

查理五世（Karl V）常常說，一個人掌握的語言有多少種，成才的機會就有多少次。這句話是否合理，現在我不想進行研究，不過我只知道這樣一個事實，如果沒有了解和精通至少一門語言，那麼頭腦就會將它基本的工具和器官喪失，它的功能就會受到阻礙，概念也會出現模糊不清。那些主張壓迫、黑暗還有偏見的人，他們最妙的方式就是讓人們窒息，不再擁有自由自在的、義正辭嚴的、訓練有素的講話能力，任何時候他們都沒有將這一點忽視；而那些支持光明和自由的人，他們是理所當然的致力於這一事業，他們的所為也無非是所有的人，不管是最窮的還是最富的人，都可以熟練的掌握語言，就算這種語言不夠優雅，有了熟練的語言，他們就能夠去收集和整理他們的模糊不清的觀念，吸收那些清晰的觀念，同時還能夠將千百個新觀念喚醒。

第三十二封信：教育和社會效益

　　人和社會的關係，透過教育，人能夠獲得成為一個有用的社會成員的資格。為了成為真正有用的人，人一定成為一個真正獨立的人。無論這種獨立地位，是否由他的境遇所賦予的，不是靠他體面的發揮了自己的才能而獲得的，也不管它是否可以歸功於儉樸的習慣和勤奮的努力，顯而易見，真正的獨立地位一定會隨著他的道德尊嚴，而非富裕境遇、智力優勢或不屈不撓的努力程度而上下浮沉。一個自甘貧困或受制於他人的社會階層，並不比一個靠著俸祿、表現出理智上的無能或者沒有道德和高尚情操的社會階層卑賤。如果一個人，他的行為被打上了理智獨立性的烙印，那麼他一定是一位有價值的、受人愛戴的社會成員。他在社會中擁有一定的地位，這個地位是他自己的，而不是別人的，因為他已經憑藉自己的成就獲得了它，並且用自己的人格捍衛了它。他的才華、他的時間、他的影響或者他的機遇全都獻給了一定的目標。甚至在地位比較低的社會階層中，有些個人因為他的行為舉止所表現出的明智、真誠和高尚的品格，因為他們種種努力表現出來的、值得表揚的傾向，他們能夠和那些擁有貴族血統的人，還有那些在才華和功績面前具有更顯赫榮譽的人相提並論，這一點已經是人所共知的了。這樣的情況

不過是一些例外，而且這些例外的數量也非常得少，這要歸咎於那種普遍盛行的、其目的幾乎和推進獨立人格發展沒有關係的教育制度。

教育和幸福—幸福的條件

如果將人視為一個個體，那麼教育應該為讓人獲得幸福而做出貢獻。幸福感並非來自外部環境，它其實是一種心理狀態，是一種內部和外部世界達到了和諧的意識；它將欲望限制在合理的範圍內，它又為人的才能確立了最高的目標。這是因為，這樣的人是幸福的，他可以將自己的欲望限制沒有超出自己的財力允許範圍；他可以將所有的個人和自私的欲望放棄，而不至於將他的愉快和平靜喪失 —— 他的一切快樂情感都並非取決於個人的滿足。再有，這樣的人也是幸福的，在個人利益無法實現時，在他更完善的天性或者他的民族的最高利益岌岌可危時 —— 這樣的人是幸福的，因為這會讓他明白努力是無止境的，讓他懂得讓努力和最自信的希望相結合！幸福的範疇是無限的，它正隨著思想境界的開闊而不斷擴展；它也在伴隨著內心情感的昇華而昇華，「隨著它們的發展而發展，隨著它們的增強而增強。」

為了讓行為和個人生活擁有上面說的這些品質，根植在天性中的所有才能都應該得到合適的發展，在我看來，這一

點是非常必要的。這不是指應該習得任何方面的精湛技藝，或者熱切渴望達到的完美程度，這些都是傑出天才的專利，然而，所有的才能都應該有一定程度的發展，這些才能遠非只精深某一種才能。這樣的發展進程，最大的好處是對頭腦的訓練，使頭腦可以適應更專門的工作，即從事任何與它的傾向相宜的或與某些職業相關的學習。

　　任何一個人都有這樣的要求，他把孩子託付給別人進行教育，要求他讓他的孩子的才能獲得審慎的發展 —— 現在看來，這個要求的普遍性還沒有被充分的認識 —— 關於這個要求，請允許舉一個實例，這是我的一位朋友在一個偶然的場合提到的。如果我們發現一個人處在痛苦當中、瀕於令人可怕的時刻，這個時刻意味著他在這個世界上的痛苦和歡樂將要永遠的結束，我們總會感覺自己為一種同情心所觸動，它對我們發出提醒，無論他目前的地位是多麼卑賤，無論他在哪裡生活，他終究是我們同類中的一員，和我們一樣，受喜怒哀樂的支配，和我們一樣，生來都是具備一樣的才能，都有一樣的目標，都希望自己可以長生不老。如果我們為這種觀念所支配，那麼我們只要能做到，那麼我們就會特別情願的減輕他的痛苦，為他臨終時刻的黑暗送去一線光明。這種感情可以打動每個人的心，甚至就算是那些不諳世故和不近人情的人，那些很少見到悲哀場景的人，也能夠被打動。

那麼，現在我們要問，我們為什麼會冷淡漠然的對待那些步入人生的人呢？對那些投身於形形色色生活舞臺的人，我們為什麼會對他們的感情和處境毫無興趣呢？如果我們只是願意靜下來對此進行一番反省的話，我們是能夠為增進他們的歡樂，減輕他們的所有痛苦、不滿和不幸而做出自己的貢獻的。

就這一點來說，教育能夠做的事是相信一切有能力根據經驗來講話的人。教育應該努力去做的是，要說服一切對人類福利事業真正感興趣的人，教育可以立即做到的，是一切真正的對人類福利事業感興趣的人的不懈努力。

第五章　天鵝之歌

　　考察任何一種事物，都要抓住那些好的東西；如果你相信某種事物是較好的，那就要充滿愛心、真心實意的讓它做出更大的奉獻。我在這些篇章中，就會充滿愛心、真心實意的盡力將我設想的較好的事物全都奉獻給你們。

教育意味著完整的人的發展

　　「要素方法」的問題，就是怎樣讓人的才能和能力的培養和大自然的順序保持一致。我或多會少的覺察到了這一問題的所有重要性，已經將後半生的很大一部分精力都花費在這上面，想要努力將其解決。

　　如果我們想弄清楚這個方法的內涵，首先必須先將人的本性意味著什麼弄清楚。它固有的本質是什麼，它顯示出了哪些特點？很清楚，我們人類和別的動物共有的才能和能力，並非人的最本質的東西。相反的，人類是一種和動物不同的才能和精力的聚積體，也不是本質。人的本質既非我的很容易就腐爛的肉體，也不是我的感官欲望，而是我的道德與宗教信仰的才能，我的智慧和實踐的才能。在我的內部，這些力量構成了人性。

　　那麼我們就能這樣說，「要素方法」問題就是遵循大自然的秩序，讓人的頭腦、心靈和手這些特有的能力得以展開、獲得發展的問題。

　　所謂的和大自然保持一致，就是說不斷的讓我們的動物本性從屬於更高階的、人類所特有的要求 —— 簡單的說，讓肉體從屬於心靈。

　　進一步說，由技巧所助長的這一發展進程的每一嘗試，都要有一個先決條件，那就是大自然本身所獲取的生動的和多少帶有清晰性的感覺過程。

　　各個不同才能構成中固有的永恆規律決定了這個過程。在規律內部，它們和一種無法遏制的、對人的發展有利的力量關係密切。只要時機一到，這種力量就會驅使我們朝前發展。只要是我們感覺到的，我們就決意去做。這只能是這種潛在傾向的力量，而不可能是其他性質的東西。

　　「我能」這種感覺，作為進步的一個條件，是我們人類存在的一條規律，但是這一規律的特殊形式，則隨著和它有關的每一才能的特點而變化。儘管形式多樣化，然而不會喪失掉統一性，因為它們源自統一性 —— 人性的統一性。只有在它們保持和諧時，它們才和人性保持一致。相反的，只有影響人的是一個無法分割的整體，那個詞「我能」才具備了我

們所理解的教育意義。它一定會涉及手和心靈還有頭腦。偏向任何一部分，都不會產生令人滿意的效果。孤立的只想發展任何一種才能（比如頭腦或者心靈），都會讓人的天性的均衡得到損壞，甚至毀滅。它意味著使用非自然的訓練方法，會產生發展片面的人。只注重道德與宗教教育，或者只注重智力教育，都是不正確的。

　　只發展人性的某一方面，這是不正常的，也是錯誤的。它就像敲擊鐃鈸、吹奏銅管所發出的聲音一樣，是空洞的，不真實的。教育要名副其實，一定是努力讓人的完善能力都獲得圓滿的發展。

　　人類才能的整體性是種族的神聖而永恆的天賦，教育成功的基本條件就是這個整體性。「上帝已經將其結合在一起，別讓人再將它分開。」在教育實踐中，誰漠視了這一原則，無論用的是什麼方法，結果都只有一個，就是讓我們成為不完全的人，在這種人身上是不會找到滿意的結果的。

　　這類特殊發展的人是一種自我蒙蔽的犧牲品，他們連自己的弱點和缺陷都不知道。

　　由不一樣的方法教育出來的人們對他們是嚴重的束縛。不管是過分的感情的發展，還是過分的智力發展，缺乏平衡都會最終導致失敗。

　　家庭和公民的幸福終究還是得依靠精神因素，缺少了

它，所要求的家庭與公民生活的實際品質只能是危險的幻覺。它們會導致各種不滿意的品質產生，導致不健康的情感、不平之氣和一切各式各樣的分歧產生。

每種能力的發展從專門的訓練中獲得

我們觀念中的「要素方法」，目的就是實現各種才能的均衡。為此，它要求人的一切基本能力都獲得充分的發展。每種情況的自然過程的發生都是按照不變的規律來的，反對它就等於人為的干涉大自然。支配不一樣才能發展的規律是不一樣的。智力發展的過程和讓感情生活純潔並產生效應的過程不一樣，而這兩者和支配體力發展的原則也不一樣。

在各種情況下，才能的進展需要依賴練習。只有透過將道德、愛心和忠誠這些美德付諸實踐，才能讓其得到發展。智力的發展主要泉源是思考，而實踐和職業能力的發展自然來自我們對感官和四肢的運用。

促進能力發展的練習要根據能力的不同而有所變化。眼睛要去看，耳朵要去聽，雙手要去抓握，雙腳要去走路。同樣的道理，心靈要去愛、去信任，智力要去思考。人任何一種內在的才能，都可以連結上一定的活動；透過活動以實現

自己的目的，並發展成為有訓練的才能。

摔跤會讓兒童走路的勇氣降低；小貓抓破了他的皮膚，小狗衝著他嚎叫，都會讓他的信心被挫傷。同樣，當教師採取的方法很沒有吸引力時，兒童的學習欲望就會下降。因為這種方法讓他感到困惑、感到混亂，而不是將他的學習興趣喚起來。

讓人發展的教育和大自然相對應

如果聽其自然，那麼人類才能發展的進程會受到人的感官「牢房」的妨礙，從而只能非常緩慢的前進。如果努力的提高發展人性的進程，則將有兩件事是被視為理所當然的。第一件是依靠有理性的愛的幫助，即使有感官的局限，不過它依然是我們家庭觀念的萌芽；第二件將由長期經驗賦予人類的相關技能明智的運用起來。

於是，我們意識到，「要素方法」的思想簡單的產生於人去補充自然過程的努力，在諸如明智的愛、有教養的才智和實際的洞察力等的幫助下，讓我們的性情和才能得到發展。

雖然上帝主宰了人的發展的自然進程，但是，當放任兒童們，讓他們徹底的自然發展的時候，只能喚起他的原始本

能，而人的目標 ── 「要素方法」的目的，智慧和虔誠的目的 ── 就在於讓人性和神性的因素進入生活。

　　讓我們更密切的從道德、智力和每日的實際生活的觀點來對這個問題進行考察吧。

（一）教育是道德的泉源

　　讓我們捫心自問：在人類種族中，我們的道德生活、忠誠和愛心的基礎是如何獲得切實的發展的？我們最早的道德和宗教傾向的萌芽，是如何變得有活動力的呢？它們是如何在人的鼓勵和照料下獲得滋養、增強力量，而同時又維護了大自然自己為它們計劃的人類特性呢？這一切都是從兒童身體需要的平穩的滿足中來的，這是兒童今後的道德萌芽在生活中活躍起來的自然條件。母愛本能的守護保證了這種條件；如果把這個條件忽視了，就會很快影響幼兒身體的良好發展。

　　所以，對於教育而言，保證幼兒的寧靜和滿足是極為重要的。和這個同樣重要的是，要有這樣的認知：這應該是一種將處在蟄伏狀態的、人類和動物不一樣的情感引入生活的方法。任何對幼兒這種有生長力的生活的影響，都會導致其原始的感官本性得以加快、加強，而其人類所有的各種傾向和才能的正常發展卻遭到了妨礙。

第五章　天鵝之歌

　　要想實現這個目的，首要有效的方法，是大自然賦予母親心靈裡的東西。母性的力量和母性的奉獻是無所不能的。如果母親缺乏這些特質，那麼她就是不正常的母親，它表示母親心靈出現了一種反常的退化。如果只有父親而沒有母親的幫助，那麼家庭生活的鼓舞力量一定會非常小。正是忠誠的母親讓這些事情得到了證明，就和將母親從嬰兒期開始就關心孩子的寧靜這一點普遍視為母親獻身的最好的標記一樣，我們認為，對於兒童道德力量的自然發展來說，它一樣是必不可少的。人類的各種特質只能在寧靜中得到展開。如果沒有了寧靜，愛就再也不是幸福和真理的泉源。不安靜本身就是產生於身體上的痛苦、無法得到滿足的欲望、不合理的需求或者更惡劣的自私自利等等之中。無論什麼情況，它都會導致愛的缺乏、不信任以及由此而產生的所有不好的東西。

　　因此，寧靜是幼年生活的首要需求；一定保護嬰兒的有機體，遠離任何方面的侵擾。某些擾亂有可能產生於對生理需求的忽視，或者是過分的縱容，這種縱容會鼓勵那種無法控制的自私自利。

　　如果面對正在哭喊的嬰兒，母親屢次的、不規則的疏忽了對他的照顧，甚至讓他等了好長的時間，讓他的輕度的不適加重成了實際的痛苦時，不滿的壞影響，連同它的各種惡

果就有可能在兒童心裡萌發了。這樣對兒童不及時的關照，並非將兒童熱愛和自信心激發出來的正常方法。如果這樣做，母親無異於將未來道德墮落的種子播撒在了兒童的心中。這種嬰兒期的不安在他本性的生理方面導致了傷害感，將無理性的暴力傾向喚起。

　　一個遭到了忽視的兒童被痛苦所傷害，就像一頭飢渴交加的野獸那樣，投入母親的懷抱，而非採取人類的溫柔的方式，並在適度的滿足自己的需求中獲得愉悅感。沒有母親的笑臉和溫柔的手，也就不再有微笑和魅力，而這些是確保一個嬰幼兒健康與快樂的自然需求。在煩躁不安的兒童身上，我們不會看到正甦醒的人性的最初跡象，卻可以找到種種不滿和不信任的表示，愛和誠實的感情無法發展，兒童的整個發展過程也受到了影響。

　　過分的縱容也是不小的干擾。無論那些愚昧並溺愛孩子的人是屬於哪個階層的，都在兒童心裡滋長了不合適的欲望，還暗中將孩子透過自身努力來滿足其需求的能力給破壞了。他成為持續增長的不滿、沮喪以及暴力的泉源。

　　為了將孩子身上的人性喚醒，真正的母性的關心會對她對滿足兒童基本需求的注意進行限制。如果是一位明智的、有思想的母親，她會遵循自己的愛來支配行事，而不是對兒童的任性和物質上的自私表示屈從。她出於讓兒童獲得安寧

的目的而操心，而非去刺激他的感官上的欲望，僅僅是滿足他在物質上的需求。雖然母性的關懷是一種本能，然而這種本能一定要和她的智慧和她的內心啟示給她的東西保持和諧。實際上，它是這三者合起來的產物。它是靠本能召喚而進入生活的，並不因此表示她高貴的意向屈從機體的要求。各種機體的傾向只是簡單的努力合作，以此讓她的智慧和內心的願望得以實現。

所以，母親的影響是開啟愛和忠誠的自然途徑。它與此同時也為充滿快樂的印象打好了基礎，其中還伴隨著父親、兄弟還有姐妹們補充給他的快樂。愛和忠誠的感情擴大到整個家庭的生活範圍，兒童在感覺上對母親的信任和依戀提升到了真正人類之愛和人類忠誠的層次。它首先推及到父親、兄弟還有姐妹們身上，不過範圍還在持續不斷擴大。母親愛誰，他就愛誰；母親信任誰，他就信任誰。甚至如果他第一次見到一個陌生人，母親這時對他說：「他愛你，因此你一定要相信他；他是一個好人，趕緊把手伸給他。」這時孩子也會立刻微笑，並高興的將天真的手伸向這個陌生人。如果母親這時又對他說道：「你有一位住在遠方的祖父，他非常的愛你。」孩子是一定會相信她的。他願意和母親說起祖父，相信祖父是愛他的，盼望著自己可以繼承祖父的產業。

（二）智力發展的教育與大自然相對應

我來說下一個問題，人的智力生活是如何開始的？當大自然有了它自己的方法時，人的思維能力、判斷能力還有調查研究能力，又是以什麼作為起點的呢？

我們發現，思考能力是從客觀物體讓我們形成的感覺印象這裡開始的。感官接觸物體，將它們內部固有東西的自我發展喚醒。

已經被喚醒了的東西，借助推動得以迅速的發展，這一經驗首先會產生客觀物體給予我們的印象的意識，接著就會讓我們認識它們。於是，我們就感到有一種需求，也就是將經驗給予我們的印象表述出來。這種表述一開始採取的是手勢和模擬的形式。到了後來，我們就面對面的採用了人類需要特徵更加明顯的語言。語言的發展讓手勢和模擬動作不再是必不可少的了。

語言發展的本性

說話的能力，對於發展思考能力來說是必要的。說話的能力是人類的一種特殊方法，用來組織從經驗獲得的知識並讓其擁有廣泛的用途。從一開始，它的發展就唯一的和人類知識的增長和擴展擁有密切的關聯；這種情況通常都居於優先地位。正常的說話只是跟我們已經學到的事物，還有以

第五章　天鵝之歌

我們對這些事物進行學習的方法有關。如果我們學得比較膚淺，那麼說得也就比較膚淺，如果我們學的是錯誤的，那麼也就只能說錯誤的。

學習母語和別的語言的一般途徑，都是和透過經驗來獲取知識有關聯的，而且學習的過程一定要遵循自然的順序，經驗的印象在這種順序當中變成了知識。如果我們在母語這一問題上應用這種觀點應用，就會發現，和其他所有事情一樣，人類也是漸漸的從我們本性逐漸進化的低等因素中將自己和別的事物區分開來，我們的語言能力也是一點點的緩慢發展的。在形成說話器官之前，幼兒是不能說話的。更有甚者，他一開始什麼都不知道，所以沒有說話的願望。他說話的願望和才能的發展，是和他透過經驗一點點獲得知識是保持一致的。教幼兒如何說話，這是大自然的唯一的方法。一切人工的幫助都應該是引導著它按照這一緩慢的過程進行，透過利用周圍的物體和人的各式各樣的聲音、語調等刺激，去促進進一步的發展。

語言發展的教育

為了教兒童說話，母親的工作一定要符合兒童的性情，並且要將一切為兒童的眼、耳、手所敏感的刺激利用起來。當兒童有意識的去看、聽、嗅、嘗和感覺的時候，他就會想

要將這些印象表達出來，也就是說，他的心裡發展起來了關於學習講述這些印象的願望和這樣做的能力。為此，母親也一定要運用聲音去刺激他。如果她非常急切，想在很短的時間裡教會兒童說話，她就一定要反覆的說話，一會輕聲說，一會大聲說，一會笑，一會唱，如此等等，豐富多樣，不斷變化。

她這麼做的目的應當是讓孩子想要對她進行模仿。同樣，她一定要清楚，要兒童記下的物體名稱的印象是和詞相對應的。她一定要讓兒童注意這些物體的最重要的意義還有多種多樣的有趣的關係。她一定要讓和表述事物相關的練習提升到這樣一步，也就是在孩子心裡事物的印象已經成熟了。技巧，或者更準確的說，一位明智的母親的不斷奉獻，可以讓語言學習裡自然緩慢的方法得以促進，並且變得更有生氣。「要素方法」的責任，就是要弄清楚這種加速性的和有生氣的方法是如何發生的，並著眼於向母親提供合適的、精確的、順序合理的練習。如果這一點做到了，那麼母親的心靈對利用這些練習，就一定會有充分的準備。

在學習別的語言時，自然的順序並不是這樣緩慢的，這是因為：(1) 在這種環境當中，兒童的語言器官已經獲得了充分的發展。需要掌握的，只是很少新的聲音。他的器官在別的方面已經相當有效了。(2) 開始另一種語言的學習的兒

173

第五章　天鵝之歌

童，已經利用經驗獲得了大量的資訊，他可以用母語極為精確的表達這些資訊。所以，每一種新語言的獲得，只需要用母語的熟悉的和有意義的聲音，去調換那些他不熟悉的聲音就可以了。怎樣透過充分利用機械化的方法，透過按心理順序安排的旨在將概念闡明的預備練習，透過已在簡單機械化的方法中學會了對應詞等辦法來簡化調換，這是一個有待我們予以解決的重大問題。

每個人都覺得需要一種語言教學入門的心理學基礎，而我認為，在將近五十年的時間裡，我已經連續不斷的嘗試過將這種最初階段的教育簡化，我已經得出了一些自然而有效的、可以實現這一目標的方法。

較高的智力訓練

然而，為了不把我闡述的關於「要素方法」的思想線索丟掉，我願意再探討一下智育的問題，智育永遠都是從經驗開始，並首先一定要得到一種自然的語言教學體系的幫助。如果這種幫助的目的是解釋知識，那麼也一定要以直接經驗為基礎。不管怎樣，智力訓練的本性告訴我們，它需要處理的是它能帶給我們更進一步的東西。對於透過感覺已經有了清楚的理解的物體，我們一定要為對這些物體進行組合、區分和比較的能力的發展提供幫助。這樣，我們將會幫助心智

增強對那些物體本身及其特性的判斷力 —— 即實際的思考能力。

　　智力訓練，還有依賴著它的種族文化，要求不斷的尋找辦法，為我們的思考能力、判斷能力和調查研究能力自然發展提供幫助，以便有意識的將人類幾千年獲得的東西占有。這些辦法的性質和範圍都依賴於我們的主動性，依賴於感官已經清晰理解了的物體的組合、區分和比較 —— 換言之，依靠我們有邏輯性的調查研究，還有我們透過這種方法提高訓練有素的判斷水準的可能性。

數目、形狀和語言教學帶來的東西

　　如果指望利用這些辦法，讓我們的思考能力在訓練過判斷力的人中間表現出來，這還有待研究。它們的性質及其完善的問題，是「要素方法」理論另一件關心的重要事情。因為，對感覺已經清晰理解了的物體進行邏輯性的調查研究後，會有一個明顯的發現，它的第一個促進因素就是我們利用了所得到的計數和測量的能力，所以，在數目和形狀的簡化練習裡面，將可以發現獲取那一方面能力的最好方法。我們也知道為什麼「要素方法」理論將數目和形狀進行簡易的心理學化的處理，還有語言進行類似的處理，視為我們對思考能力進行培養的最普遍、最有效的方法，同時，這也是符

合大自然的規律的。

我們在布格多夫進行了應用簡化數目和形狀教學原則的最初實驗，獲得了顯著的一致的成功。但是更為明顯的是，後來的成功（儘管布格多夫的實驗範圍比較狹小，也是試驗性的，而且後來又對它冷淡了）讓我們學校有可能一直生存到現在（它已經處在衰敗狀態很長時間了；多年來，它始終在和公開的反抗進行爭鬥，最後被推到了毀滅的邊緣）。甚至眼下，雖然我們的外部資源已經缺乏到基本為零，我們依然建立了一所培養男女教師的學院。這一有生命力的現象讓我對未來依然充滿信心。

（三）大自然和實踐能力發展的教育相對應

智力的和道德的因素

第三，為了回答這一問題 —— 「實踐才能是如何開始展露的？」我們進行了思考，馬上就明白了它是以雙重品質為基礎的，也就是內部的和外部的品質，智力的和體力的品質。還有一點同樣明顯，那就是在智力才能的訓練之中，在思考和判斷能力的培養中，潛藏著實踐的和專業的才能訓練的奧祕，這些也十分依賴井然有序的進行運用感官的系統訓練。我們應該承認，一個已經具有良好的基礎 —— 即具有正常的、充分的算術、測量還有它們包含的繪畫訓練的基

礎 —— 的人，他的內部是具備了實踐才能和技術技巧的必
要根基。對他而言，剩下需要做的唯一事情，就是在他的理
論知識範圍內，就外部感官和四肢的運用進行系統培養，對
他想要學習的工藝技巧，進行特殊的關注。就和數目和形式
的簡化練習從性質上一定要視為是實踐才能的特殊智力訓練
一樣，感官和四肢的機械化練習是外部技巧訓練所必不可少
的，一定要視為實踐才能的體力訓練。

　　實踐才能的要素訓練（其中的專業的實踐能力一定要當
作一項特殊的、適合個人的職務和環境的實用才能）所以依
靠兩個基礎，正常的訓練方法在於對兩種基本不同的才能予
以激勵和訓練，即智力的和體力的才能。但是，這類方法有
一個前提的條件，那就是當它們同時是人類文化三個方面一
般訓練中的重要部分時，只有滿足這個條件，這類方法才是
真正具有教育作用的方法。

　　道德和智力的實際訓練的要素我已經論述過了，還有就
是體力的方面了。因為發展的傾向是我們道德的和智力才能
獲得發展的首要泉源，因此身體方面的實際能力的正常訓
練，也是需要類似傾向的激勵，人們透過研究發現，它也是
我們感官和四肢的特性，所以自然而然的傾向於活動正在到
來的智力和體力的刺激，讓那種傾向的實現成為實踐的必然
性。實際上，教師的藝術對這種傾向所做的事非常少的。體

力的衝動推動我們來運用感官和四肢的功能，這是我們原始的本性。教師的目的，就是讓這種原始衝動和指引學生的道德和智力原則相符合，讓學生從環境力量和家庭生活的影響中獲得幫助和鼓勵。

明智而謹慎的將家庭生活這個教育資源運用起來，以促進體力的增長，它的重要性正像它在道德和智力方面一樣，這些資源不是一成不變的，而是隨著家庭地位和環境的變化而變化。然而，儘管有效的資源差別很大，而我們利用它們——德、智、體的——卻是服從於永恆不變的法則的，所以它自身也是不變的。我們的方法，可以舉一個藝術教育的例子來說明：首先，我們教育學生，讓他們對每一種藝術的形態有精確的認識；然後他學著去將其再現出來。用這種方法實踐後，他就會想要自如而優美的將其他的藝術形式表現出來，當他可以做到這一點時，他就已做好了可以自由和獨立的去工作的準備了。

我們人類實踐教育所遵循的大自然的典型程序就是這樣的。兒童在大自然的掌控之下，進行著一種分級的系列練習，讓他在準確性、力量和靈巧方面都達到一定的標準。這幾種練習及它們之間的協調和穿插在一起的結果，以技藝給予兒童，如果不是這樣，人的手藝絕對不會對他發生崇高的影響，兒童也絕對不會真正的獲得完善的技藝。

在內部的智力基礎發展方面，實踐才能機械式基礎發展的通常秩序完全符合大自然的秩序。這就為我們確定了一條自然的道路，和對智力和心靈進行訓練的基本方法和諧一致。如果我們一開始就認知到了本性的統一和力量的均衡，那麼就意味著，我們本性所有三方面的教育就需要齊頭並進。

我們的力量的均衡與和諧

我現在將對人的本性統一性的重要證據進行更密切的觀察——也就是人的道德、智力和體力的均衡，換言之，就是人的心、頭和手的能力的均衡性。雖然某一方面獲得了優勢效果，但是這卻是在損害所有良好品質適當協調的情況下獲得的，這事實上無非是一種表面的過分的感情和宗教上的發展，還伴隨著智力和實踐上的紊亂和薄弱。這一事實可能和一個充滿愛而且最真摯的尋求神靈和人的力量的泉源的靈魂存在關聯。然而，當一個人的心理平衡已經喪失到這個程度的時候，儘管他出於好意的去彌補智力的不足，儘管他膚淺、軟弱的去探求真理的知識，然而他只能沉溺於好像夢一樣的思索裡面，並沒有去認識真理和正義的能力，去履行依靠這種認識才能履行的責任的能力。

第五章　天鵝之歌

雖然他的心也許是誠實的，但是他強行努力去獲取他一定已經誤解甚至藐視的東西——因為那種沒有價值的、騙人的東西和造就它的環境是有關係的，所以他的努力一定會讓他對神的純潔的愛被削弱，讓他可憐的分裂了自身，而且從人的觀點來看，他萎縮了，不可救藥的萎縮了。

虔誠、信仰和愛，和弱點和錯誤一起，產生了促進平衡調節的作用。缺乏信仰和愛的智慧、實踐或職業能力是無窮無盡的動亂泉源，這種動亂對人類才能的自然發展有致命的影響。

集體精神

不過有一點是確定的，冷漠無情（我們在智力和體力上的驕傲很容易產生各種形式的冷漠無情）讓改進的真誠努力完全麻痺，但是，在虔誠和愛的本性中或那些弱智者和體弱者身上是不大容易產生這種冷漠無情的。但是這只對這一類的個人適用。一旦人們結成了團體，他們就不再有個人軟弱的意識了，這種個人軟弱的意識乃是真實的愛和信仰的主要基礎，並且對於致力於改進工作的真誠努力來說，也是非常有必要的。群體的較低本能讓他們無論從個人角度，還是從社會角度，都覺得比他們實有的力量要強。當個人軟弱的意識和他們作為一個整體的力量和權利的強烈意識之間出現了衝突時，他們的內心就出現了偽善的自我欺騙傾向。他們讓

集體力量的驕傲情緒得以滋長，讓粗暴的對待那些和他們的集體意見不一樣的人的不友好、不真誠的情緒得以滋長。這樣，不僅個人力量、自我提升的嚴肅的宗教觀念被削弱，他們的中間還產生了妄自尊大的粗魯情感和令人不快的凶暴觀念。這些都是冷漠的世俗人物，他們已經將一切關於比他們更好更強的人們的觀念都喪失了。集體精神，無論從宗教的還是文明的意義上來講，都不是精神的產品。它是肉欲的東西，它也會產生和片面的智育或體育一樣的後果。所以，關於初等教育理論，我們需要關注的一個重要的問題是，保持人的能力教育的均衡。

一般的教學方法

我現在在進一步考慮「要素方法」理論在教育應用方面一定要談到的問題。順應大自然普遍的要求這些教育應用最大限度的進行簡明，我所有的教學法著作始終都是以這一觀念為基礎的。首先，我將自己的目標限制在努力的實現盡可能的簡化，並且目的是讓學校的實踐更像家庭的。這種觀念非常自然的引導著我，努力組織系列的教育練習，這種練習存在於人類學習和活動的各個部門，它們應當從最簡單的開始，連續進行，一點點的、不間斷的從容易到難，和小學生能力提升的步伐相協調，從他那裡得到各種能力的暗示，始

第五章　天鵝之歌

終對他們進行激勵，絕對不讓他感到厭倦或精疲力盡。這一思想的心理學上易於達到的可能性，在於認知到兩種方法之間的不同之處，一種是將人類基本才能展露出來的方法，它遵循確定不變的規律；另一種是在特殊知識部門和特殊技巧教學裡面，採取的應用那些基本能力的方法。

上面這些彼此間的不同之處，和我們努力去認識和使用的諸物體間的差別不同之處，和各相關個體之間的地位、環境的不同之處也很像。「要素方法」是想避免出現因為將發展才能的諸方法放在首位而產生的混亂。這是十分常見的。當然，我們不會等諸能力發展以後，再去進行實際的運用。這樣做是最好不過的了。這是因為，在發展和應用我們能力的整個序列練習中，是要求每前進一步，都要讓其達到完善的。這樣，透過這兩方面的練習 —— 發展能力、應用這些能力 —— 這種方法就會讓小學生自覺的朝著完美發展而不斷努力，這種追求完美的努力不只是為了將發展才能的方法和運用這些能力的訓練保持協調，而且也很可能形成高標準的工作習慣。

我們的理想是不是一種幻想？

我暫時不談和這一觀點有關的那些推論。在進行進一步的研究之前，我想先考慮這樣一個問題，那就是我們的「要素方法」理論僅僅是一種夢想嗎？它真的為切實可行的事情

提供了基礎嗎？總有人語氣強硬的問我，在哪裡能真正找到要素方法實施的實例呢？我是這樣回答的，什麼地方都找得到，但是又沒有哪裡能找得到！它可行的單個的例證隨處可見，但是它的完善的例證卻無處可尋。還從來沒有以完全組織過的體系試驗過這個方法。還沒有哪個初級學校或教育機關在全部的細節上都符合我們的理想。

　　然而，人在任何一門學科上的知識和才能，都是以零零碎碎的方式增長的，即使是我們的文化中最高的和最好的知識和才能，同樣也是這樣獲得的。教育的進步和這種零碎的方式類似。人有時候前進，有時候後退。完全滿足我們要求的條件是不存在、也不可能存在的。人性本身有一種無法克服的障礙，阻礙它完滿的實現，尤其是人類智慧和心靈的弱點和在我們易腐的軀體之下的內部的神性你追我逐，不允許我們在任何一點上達到絕對的完善。即使最能幹的人盡了全部努力進行完善自身，也一定會像保羅（Paul）所說的：「我既不是好像早就已經獲得了，也不是已經完善了，但是，我還在追求，要是是這樣的話，我還是有可能獲得的。」如果這話是適用於個人的，那麼就更適用於對爭取文化而努力的群體了。

　　即使是第一流的學校，在物質和精神兩方面接受幫助和鼓勵，也無法讓要素方法理論在訓練和教育所有類型兒童的

第五章　天鵝之歌

應用上成為最完善的方法。我再說一次，在本質上人性就是
反對一下子全面引進這個崇高理論了。我們所有的知識和技
能都不是完整的，直到時間的末日依然如此。我們的知識和
技能的進步，甚至包括我們理想的提升（因為這取決於個別
人和個別團體的有限進步），必然是蹣跚而行的，是不完全
的，會屢次作為障礙，出現在那些為改良現存狀況而切實做
出貢獻的人們的道路上。

我們必須毫無保留的說：在實踐中，與我們的要素方法
概念完全符合的教育和教學方法，是無法想像的。

不管你將它的原則強調到什麼樣的顯著地位，不管你簡
化它到了多大程度，不管怎樣清楚的證明它的實踐的一貫
性，不過外部的一貫性則是無法想像的；每一個個人，都是
在根據自己的特點而進行著不一樣的貫徹。在一種情況下，
一個人是發自內心要將這種理論運用到實踐當中的，他將全
部的熱情都投入到工作中去。還有一種人，他有智慧，透過
相關的清晰而精確的思想，想方設法的實現自己的目標。還
有的人以其特有的稟賦的實踐和職業才能設法讓自己的目標
得以實現。這樣的情況是非常好的。有心的天賦才能、頭的
天賦才能還有手的天賦才能。有些人在某些特殊方面，是具
有遠遠高於其同胞的稟賦的。在道德、智力和體力才能的內
部資源方面，他們是「百萬富翁」，然而個人的自私自利在他

們的三位一體的本性深處鼓動著他們，這和我們現實生活中的金錢和權力的「百萬富翁」所受到的鼓動沒有什麼兩樣。和百萬富翁類似，由他們的特殊才能引起的多樣需求，產生了一整個連鎖的賴以贍養的人。他們在保持專門手藝的優越性上，或者在維護某一特殊觀點上，和另外也有特殊利益但和他們的利益不一樣的人形成了對立。所以，整體均衡不會被打亂，不過人類所特有的進步的這一不均衡類型得以保持。我們一定要承認，這是知識和能力進步的自然規律，並且和人類幸福的現實存在密切的關係。

很久以來，我們並沒有認知到這一點，要素方法理論被我們視為一種幻想，認為它沒有用於實踐的可能。然而，一旦我們意識到了它是為了追求人類一般的文化，並承認知識是逐步的提升的，在進步中一定會遇到障礙的，那麼，我們就會公認它是和人類最終的目的是相符的，並再也不考慮那不可信的觀點，也就是我們是愛做不切實際的夢的人。

不！我的責任是逐漸實現人類的所有目的，因為這一工作並非永遠都不切實際的。這種想法絕對不能有。我們要素方法理論要求的就是這樣的正確態度。雖然這樣的目的在實際的實踐的形式和外貌上永遠都無法實現內在的完美，但是，那些還沒有被時代文化所腐蝕和損害的人們，會逐漸促進它的實現，並且，在道德、智力和體力諸方面，他們的努

力已經像文明社會那樣獲得了成效。自然教育的每個原則，教學的每種正確方法，都和這個類似。我再說一次，我們的理想既是隨處可見的，又是無處可見的。就其完美性而言，任何一個地方都是沒有它的；作為一個努力的目標，因為它已經部分的表現出來了，因此它又是無所不在的。將其完全忽視，就等於將人身之內的神性和永恆性完全忽視 —— 人性最本質的東西，人類獨具的東西。讓教育的方法對大自然的規律適應（就是說，要素方法的理論），實質上並非別的，正是讓它們與不可摧毀的永存活力的神性相協調，神性總是和我們的低等的感官特性相牴觸的。

追求感官性的滿足，這是動物的特性，明顯和人類和人類的目的存在區別。所以，初等教育理論的學說產生於人的靈魂本身的生活，它們不斷和一整套訴諸感官的技巧產生衝突，又和肉體的不可抗拒的要求產生衝突。那些留意教育人民的問題、視其為一個整體而非個人教育的問題的人們，他們的整體意見，是對它的要求還有其措施所能實現的東西不友好。這是無法避免的。力量、技巧、體力性的努力，而不是道德的和智力的努力，才是國家教育的實踐機關所需要的。然而，各種感官的欲望一定要對心智完全服從，而正如我們所設想的，要素方法的精神是逐漸認知到這種服從的必要性。當我考慮我是如何為了實現理想而奮鬥時，我想到了

在大眾的初等學校中，幾乎可以說是沒有一點我理想的跡象存在。我盡我最大的努力工作，將大眾教育的一般形式簡化，讓它們成為去和流行的教育弊病搏鬥最有效的方法。不過，我的崇高理想乃是善良心靈的產物，我們不夠充分的智力和實踐才能的天賦，沒有能夠幫助我實現真誠的心願。它是非常生動的想像的產物，在我日常生活的重壓之下，這種想像證明無法產生任何重大的結果。我非常像一個孩子，覺得自己是在和強大的對手搏鬥，維護著自己想像中的理想。這孩子越是堅持他夢幻般的努力，他的失敗就越會延長。在這樣的情況之下，我當然只能提出一些建議，這些建議有時是出眾的、生動的，不過整體上來說是無效的。但是，就像你所期望的，以人的精神本性為基礎建立的自然教育方法，通常來說，確實要訴諸個體，而且還要訴諸他的精神狀態。

產生於世俗和自私的不自然的造作，感官享樂的魅力，模仿的力量，人群的有力影響等，對人的原始本性來說，所有這些都是有害的。另一方面，要素教育的自然過程裡面包含了誠摯的目的、還有集中的意圖，總是對人的精神本性產生十分有力的影響。它將他從自私觀念中掙脫出來，獲得解放，讓他在感情上容易接受道德的和智力的刺激。當我們用要素教育方法來提升人類的時候，它們可以有效的抵制生活中人為造作的後果和誘惑。當我們對教育表示關心，鼓舞起

我們能力的時候，歷代智者毫不含糊的和我們說適應自然本性會有多麼強大的效果。無論什麼時候，都和沒有未被損害的人性保持連結，要素方法理論也是這樣要求的。但是，不應該用非常完美的空幻觀點看待生活，從全面的觀點來說，寧可選擇從片斷的衝擊和令人激動的原因來看待生活，任何一次衝擊都是一種試圖接近完美的努力。

我現在從道德的、智力的和體力的觀點，對我們研究要素教育方法對人類文化所產生影響的嘗試的結果進行檢查，基本的原則永遠都不能忘記：生活是偉大的教育者。

「要素」方法與道德教育

要素教育方法理論觸及兒童的道德生活，就其整個過程來說，是和兒童的父母和家庭生活所產生的本能感情存在一定的關係的。

有一點是無可爭辯的，信仰和愛是上帝賦予的所有純真道德品格和宗教的基礎，它出現於父母和兒童之間的互動，並在其中獲得發展。我們不能誇口說，在學校裡全部的兒童都從他們的搖籃時期以來就有了經驗，不過在道德教育方面，我們的方法還是適用嬰幼兒的。的確，這些方法在道德教育方面的運用，要遠早於在智力和實踐方面的教育。在學會思考、學會活動之前，兒童就已經會愛，會信賴，而且家

庭生活也會對他產生影響，並提高他的道德水準。什麼是由道德水準決定的，這是我們要進行思考的和做的事情。即使我們的幼兒教育經驗十分匱乏，我們還是能夠極其自信的說，要素方法簡單的程序，讓任何年齡的兒童都可以和別的兒童共用他們所學習的東西。這種方法的簡單程序已經維護了學校的道德力量，還產生了兄弟姐妹般的情感。我們已經在多少世紀的普通生活裡，看到了這種互愛和互信的情感產生的令人吃驚的結果，讓旁觀者得以確信，我們工作的道路是成功的擴展家庭生活的道德影響，所以讓我們可以接近於將我們這個時代迫切而重要的一個難題實際的解決。

「要素」方法與智力訓練

在智力方面，我們接受一樣的基本原則：生活教育。正如道德教育開始於內部經驗 —— 即開始於觸動我們感情的印象 —— 所以，智力教育也是起源於刺激了我們感官的諸物體的經驗。

大自然讓我們的感覺印象依靠著生活。我們所有和外部世界有關的知識，都是感官經驗的結果。即使我們的夢，也是從那個泉源來的。感官讓我們所有的潛在才能也具備了共同的向前發展的衝動，讓我們去看，去聽，去嗅，去嘗，去感受，去觸摸，去行走，諸如此類。然而，我們的聽，嗅，

嘗，感受，觸摸，行走等，只有在眼睛被引導正確的看，耳朵正確的聽等等這樣的範圍內，才是具有教育作用的。這種正確使用我們才能的教育依賴於諸相關物體對我們感官所產生的印象是非常成熟的。不管在什麼地方，感覺印象只要還沒有徹底成熟，我們就無法在其所有感知的意義上理解這一事物，而只能是理解一部分。人的感覺不是教育方面的，它不影響我們的本性能夠實現的那種教育可能性。這樣的結果無法滿足我們的本性，在那個範圍內所採取的步驟肯定不會是合乎本性的。正像父母式的本能感情形成了道德教育自然發展的神聖中心那樣，智育也一定要從一個中心出發，這個中心能夠讓感官經驗的直接結果徹底的成熟。只有這樣，它才是合乎教育意義，也是合乎本性的。顯而易見，只有在兒童由搖籃時代開始從早到晚注視著的家庭生活範圍裡，才能找到這樣的中心。在各種物體對象中重複的經驗，它們經常的多樣的表現，無可爭辯的讓他們的感覺印象得以成熟和完善。只要是存在家庭生活的地方，這一點就都是真實的。在家庭以外，沒有任何一個地方，其物體從嬰兒時期起就這樣的持久、這樣的不間斷、這樣的多變的，還在用種種人類方式感染兒童的感官。再沒有哪種感覺的印象可以像這些印象這樣，是如此自然的富有教育作用。

生活教育

這裡，需要在兩個方面進行區分：一方面是人的才能還有其發展;另一方面是將能力運用在特殊的實踐當中。當然，實際的運用是隨著家庭生活環境的變化而變化，但在各種情況下，好像都是與個體身上已經發展起來的基本才能自發的產生連結。這些成為實際才能進行訓練的基礎。由於發展人類才能的方法原則上在各個階層還有各種環境裡面都是一樣的，而讓實際才能獲得發展的方法則是多種多樣的，這樣考慮「生活教育」的原則，就要從兩個觀點出發。第一，生活的影響對才能的自然發展是否有利嗎？第二，當它們發展時，生活的境遇是否教兒童自然的對他的才能進行實際的運用嗎？答案很簡單的。即使環境極為多變，生活也在讓人類的才能獲得發展。這個不變的規律同樣的也是對所有兒童都適用的，不管是在貧民窟中滾爬的兒童，還是宮廷貴族的後嗣。至於說運用能力，其重要影響通常都是和多樣變化的環境、社會階層和條件完全協調的，並且同樣和自己個人的特點保持一致。所以，這後者的影響在本質上跟前者的影響具有很大的差別。

現在我們能夠明白，要想推動幼兒感官活動的自然發展，教學藝術應該遵循怎樣的路線了。令人注目的並且命令式的將兒童的注意力引向家庭生活中各種感覺得到的對象，

這就是這條路線的職責。這樣，他們所接受到的，就是教育這個詞的最佳意義上的教育。簡而言之，訓練感官經驗的要素方法就是心理學方案，目標是激勵先天的自我發展。它們表示一種努力，即透過對兒童的鼓勵，將注意力集中到物體對象上，從而讓感官印象發揮教育的作用。

詞與事物

我們的記憶裡，彷彿它們乃是真正的知識，或者是真正的獲得知識的方法，甚至有時既沒有事物的感覺，也沒有事物的經驗足以為它們的意義提示線索。顯然，我們這樣就背離了「生活教育」的原則。我們為神聖的天賦的說話能力播下了矯揉造作的種子。我們正在將無情的虛偽和膚淺的種子播灑下去，這應該是盲目的傲慢自負的問題，而這正是我們時代的特徵。

在這方面，「生活教育」原則主張說話能力是一種透過感官經驗獲得知識的方式。它從需要稱呼已經注意到的物體對象開始，並隨著物體經歷的變化而獲得提升。我們越是擁有對物體廣泛而熟悉的感覺，說話才能就會擁有廣泛而確切的自然基礎。相應的，每個兒童的說話能力，對他的感覺是否能夠廣泛而精確的熟悉各種事物十分依賴。如果沒有這個，那麼教師首先要將這個缺陷補足。

　　學習母語的自然進步和由此產生的教育優勢，為他對周圍事物感官上熟悉的程度所限制的。正是因為兒童需要在多年之間、多樣的接觸周圍環境中的物體對象，才可以得到它們的清晰概念，所以，要讓他自己可以將那些物體對象精確的表達出來，是需要許多年的時間的。再者，這方面的自然進步，也對不斷的、多方面的迫使他感到有更精確表達的需求的十分依賴。進一步學習母語，擴大和加速他對事物的直接知識是唯一正確的、符合自然規律的方法。

　　說話的外在表現形式，也就是各種聲音本身，如果不和以意義賦予這些聲音的經驗直接的連結起來，就是空洞的，也是沒有用的。意識到和經驗的這種關聯是它們真正的成為人類的聲音的前提。作為最開始的準備，兒童從口語當中聽來的字詞，在很長的時間裡都只是機械式的，然而，只要是和教授兒童閱讀課程有關的人，都不應該忽略這種為學習閱讀所做的機械準備。對於幼兒來說，他聽到的字詞只是逐漸的變為有意義的，在很長的時間裡，像鈴聲、動物的叫聲、錘子的撞擊聲以及大自然裡的所有別的聲音一樣，它們只是形成他的感官印象。不過這些聲音對於語言訓練具有重要的意義。這種印象本身和他的聽力共同的、一點點的變得完善。當聽力逐漸完善時，他的模仿聲音的能力也漸漸的發展了起來。現在，孩子可以學會發出一些單字的聲音，他並不

知道這些單字的具體意義，然而，他用這種方法，非正式的學會了比在另一種情況下更容易、更牢固的掌握詞的意義。

在對兒童的說話能力進行培養時，要素方法限制了運用大自然無秩序的置於兒童感官面前的各種感覺印象，但是，卻沿著適合於兒童才能和要求的確定路線，讓這個自然過程得到了擴展。

這是一定的。訓練兒童的觀察能力，有一點是必不可少的，那就是為了發展兒童所需要的知識，兒童一定要對周圍環境範圍內的觀察目標有充分的了解，不過不應超過他所要求的範圍，以致讓基本的認知模糊或者迷惑。學習語言同樣也要這樣，在他將要學習閱讀的範圍內，一定要充分的理解其所處地位的要求，不過也不能擴展得太遠，導致他將語言能力和實際生活之間的關係弄混了。對發展和培養人類其他能力的各種方法來說，這個觀念也是同樣適用的。

那些最窮的孩子，他們的地位和環境是最狹隘的，這些你們可以想像得到，即使是他們的教育也絕不能在這條自然的要素方法路線上走得太遠，如果我們對基礎的真正牢固比較關心的話。我們不能將他們訓練成太溫和的、太智慧的和太積極勤勞的人；但在訓練他們把這些能力付諸實踐運用時，我們一定要從照料他們的那一刻起，就將他置於符合實際生活要求的範圍裡面。實踐只有以這些要素方法為指導，才能

在兒童運用其感官獲取知識的訓練中，以及談話的訓練中，維護其原則精神。

　　教育，甚至在訓練兒童的最開始的階段，甚至努力的發展他們的說話和感覺才能時，絕對不要擋了生活需求的路；絕對不要追求教給孩子並不適合他的生活的事物或字詞，這有造成家庭和學校之間分歧的可能 —— 而家庭和學校這兩種社會機構通常是要保持協調一致的。教育絕對不應該讓兒童對所處的地位不滿或者不適應，不要在兒童和他的生活之間製造分歧。

才能的發展與才能運用訓練的差別

　　接下來，是承認這種差別的重要性，即對遵奉大自然培養人類才能和遵奉大自然培養其實際應用這兩者之間的差別的重要性予以承認。發展才能的要素方法和訓練才能運用的要素方法之間的不同之處，和培養語言、觀察、思維和藝術才能的計畫一定要適合社會多樣階層生活範圍有密切的關係。這兩個緊密相連的方面的差異顯示，在早期教育的階段，在發展才能的方法和訓練實際熟練技巧方法這兩個方面，一定要緊緊的跟隨大自然的進程這一點是多麼的必要。

教授外國語的方法

世界和平和所有階級的真正幸福，都取決於對這一真理的認識。社會生活的神聖關聯將會由於誤解這一件涉及到家庭和公共教育範圍的事情而被削弱。我可以進一步說明一下。獲得任何一種其他種語言的「自然的」方法，和學習母語比起來，就像我前面提到的，一定會運用本質上有區別的方法。這些方法在於簡化過程，把已經熟悉其意義的母語聲音變為還不熟悉其意義的另一種語言的聲音。

從心理學的角度來看，如果這一轉換的過程遵循大自然的規律，雖然和通常使用的人為的常規過程不一樣，但還是會發現是非常容易的。經驗告訴我們，它依賴於下面的格言：「學習說話（至少在一開始的階段）並非一個智力訓練問題，而是聽別人說話，並試著自己說話。」語法規則的知識只不過是一種檢驗，檢驗學習說和聽的自然方式是不是已經有了令人滿意的效果。語法不是學習說話的開始，而是按照心理學合理安排的學習說話方法的結果。然而，很久以來，將這種關於說話的一般理論運用於學習外語的問題都被教師們忽視了。這一智力性更明顯的工作（即學習語法）一定要推遲到說話已經具備了掌控自如的能力時。語法規則能將已知的東西表述得更加明確。對於活的語言，這種看法有時是可以獲得承認的 —— 它應該永遠如此 —— 但是對於以往

的、那些已經廢棄的語言，則拒不接受這種觀點，並且為了證明這種看法，有人和我們說，在已廢棄的語言的教學中，即使沒有常規的教授初階知識的方法，教學卻獲得了現在足以讓我們震驚的良好效果。我們還聽說，在它的更高階階段，它已經遵循了會為心理學家所贊成的路線。雖然可能是那樣的，但有一點依然是真的，即在古代語言的較低階段的教學，不管是從心理學的角度出發，還是從機械學上的觀點來看，都無法認為是令人滿意的。在較高階段的令人讚美的工作中，缺乏適當的心理學或機械學逐級打好的基礎。這一點我可以很確定的說，現在古代語學習的初階的常規過程，是背逆了大自然的進程的。這些話會遭到人們怎樣的不滿，我很了解，這些不滿來自那些並不了解古代語言並且並不具備教授這種語言所要求的經驗優勢的人。

　　但是，一方面，我承認我沒有評判較高階的教學的能力，並且甘願認可這種教學中發生的任何一件事。在另一方面，在我看來，就是這種對語言教學常規過程的極度無知，促成了我去對教學方法進行簡化，透過引導這些方法與大自然過程進入心理學上的協調，並立即讓它產生效率，並獲得豐碩的成果。因此，我說，我的無知已經從一個方面幫助了我，讓我可以更加徹底的研究學習過去語言的自然簡化過程，還有這個過程當中的心理學和機械學的基礎，這和我在

第五章　天鵝之歌

最好的常規形式下早已完全的熟悉古代與現代語言之後再去研究它相比，這樣很可能是更為有利的。

我很快就懂了，以簡化的數與形的教學為基礎的智育方法，如果不結合同等有效的簡化的語言教學，就是不夠完善的，是一條不會產生有效教育結果的路線。而且，因為我目前完全不能親自來對數與形教學的方法進行改革和推廣，也就不曾具備這方面必要的經驗，因此，我將所有的注意力，都投到了處於基本而系統的感覺經驗訓練和思維能力訓練這兩部分裡面。我唯一的要求，就是要影響語言教學這部分中的初等教育理論的改革。

語言教學的自然方法，本質上就是發展和訓練說話能力的自然方法，所以和發展感覺經驗的自然方法有著非常緊密的關聯。實際上，它是在後者和訓練真正的思維能力的自然方法當中構成一個中間階段。因此，在智力上受到激勵的感覺活動和思考能力之間，語言教學形成了一個必不可少的中間環節。

讓這種中間環節得到發展的方法，在它的最初階段一定要機械化。這是必經之路，而且，說話的能力就是調節感覺活動印象，讓其對發展思考能力的需求適應的機制。

感覺、說話、思考，這三種能力被視為發展所有智力的方法的總和。智力的起源就是分別的在感覺和說話的自然發

展的連續階段以及思考裡面發現的。發展感覺能力的方法和發展說話能力的方法之間的相似性，為這一觀點提供了強有力的證實。

發展感覺經驗的方法，是從真實的物體對象開始的；對它們不一樣特性的認識和它們不一樣的活動，構成了這種能力的一種有效的訓練。和這個相適應的，練習說話的基本方法，首先是名詞，然後是形容詞和動詞，這樣發展感覺經驗和訓練思考能力之間的關係就形成了。

語言教學和生活的關聯

「生活教育」這一偉大教育原則的主張，在發展感覺經驗這個領域可以得到極大限度的應用，而將它應用到發展說話能力的時候，它也具有一樣的真實性和重要性。我們可以這樣說，當我們就其地位而言，將說話才能視為發展感覺經驗的方法和發展思考能力的方法間的中介物時，它具有的真實性和重要性是加倍的。

如果是在兒童正學習說話時進行說話的基本訓練，那麼一方面要遵循支配語言發展的規律；而在另一方面，則要考慮孩子們的很多的不一樣的境遇。學會說話並非語言教學的結果，而語言教學卻是能夠說話了的結果。

但是，說話和習慣用語的形式上的差別，不是由語言能

第五章　天鵝之歌

力應當發展在方式上的極大差異所決定的，而是由條件、環境、境遇等等的差異；以及發揮著決定因素的個人才能的差異所決定的。在一種情況下，這些事情自然的讓學習語言的範圍得到了擴展，而在另一種情況下，則自然的讓它受到了限制。這一點對整個階層和個人都是適用的。

正像在感覺經驗的對象與用來培養智慧和實踐能力的方法方面，農業勞動者比專門職業或商業人員受到的限制更多那樣，在另一方面也是這樣的。這些同樣的對象和方法，對於城市裡的職業的和商業的人員來說，比起接受過文化教育的從事知識工作的人，特別是比起環境讓他們不用顧及收入、不用顧及維持家庭的經濟地位和各種關係的人來說，受到的限制會更多，還會伴隨著約束和自我犧牲。

人類社會中這些不同階層的無法否認的現實及其重要意義，讓這一點顯而易見：家庭和學校兩處的語言教學，一定讓人為的幫助和人們現實生活和不同社會階層的實際基礎保持協調。只有用這種方法，語言教學才可以被認定為和大自然一致，被認定為對人類的真正幸福有益。

所以用於對說話能力進行訓練的方法，作為一條普遍規則，一定要在這些不一樣的階層和等級中採取不一樣的組織形式，一定要在各自的情況下，讓這些地位的人員需求得到滿足。但是，無論是什麼情況，訓練的方法都不應該成為獲

得幸福和安寧的阻礙。

訓練說話的方法，一定要和用來訓練感覺經驗的事物保持連結，和培養道德、智力和實踐能力的事件保持連結。如果語言教學跟它們和諧一致，它是不可能產生不好的影響的。

農民的孩子和整個沒有土地的農業勞動者階級，他們的語言教學一定是學習將自己的職業、責任和關於環境的不得不做的各種事情準確的表述出來；他們也一定可以很自然的，很樸素、誠實、熱情的，將生活中那些令人振奮、陶冶性情的事情表述出來。祈禱的真誠語言可以在最低層居民的茅屋方言裡學到。在兒童年齡階段特有的快樂精神中，他們說話的運用能力必須要和他們的感情生活相符合，正如他們的感情生活可以讓他們能對周圍環境裡有利的條件進行充分的利用一樣。然而，勞動的辛苦是他們人生的命運，他們的語言學習絕對不要引起可能損壞他們的幸福和福利的興趣。因此，他們的語言學習不應該能讓他們形成沒有用的饒舌習慣，這一點很重要。他們應當學會在深思熟慮之後再說話，把說話和思考連結起來應是絕對的要求。

一種非心理學化的說話訓練方法非常容易產生饒舌的傾向，這是非常有害的，尤其是受害的是那些靠著賣力氣賺錢的人們。教育應當讓人們秉承著虔誠和道義來從事自己的工作。我們現在這一代自稱是有教養的人，然而，我們是不是

第五章　天鵝之歌

盡力保證了那些應當用在直接需要的重要事情上的時間，沒有被浪費在無用的說話技巧上呢？

當然，手工業者和職業階層，包括那種因為財產和產業利益的緣故而屬於這個階層的土地所有者，需要的是一種更為廣泛的語言訓練；不過，這種語言訓練也一定要以實際生活的為基礎。

公民的榮譽和幸福，還有手工業者、商人和職業階層中恰如其分的正直的主要部分，過去經常表現出他們在日常生活裡受到的高階語言訓練 —— 比如在他們看的書裡 —— 這是和農村居民整體上享受到的機會相比較來說的。

教堂的讚美詩和一部分屬於他們行會和社團生活的歌曲、作坊小調等等，可以作為表示語言才能的發展是和他們的生活協調一致的明證，這些歌曲讓他們的靈魂深處都有所觸動，又不會對他們的社會滿足感構成妨礙。所以，我們一定要保持前幾次提到的自然原則上。現在，我們教給他們大量的關於事物的詞彙，這些詞彙不僅沒有用的，還和他們的普通福利沒有關係。相反，那些和他們的道德的、家庭的和公民的福利的真實需求有關的詞彙，我們所提供的詞彙卻很不夠用，而且還是每況愈下。甚至從我的兒童時代開始，我們就漸漸明顯的不重視這個了。

市民階層需要市民階層的語言，這種語言是以他們現行

生活實際為基礎的，並且非常適合激勵市民的利益。這種語言我們無法提供，因為 ── 至少在我們的許多城鎮中是這樣的 ── 並沒有這種市民的生活，並且，只要是這樣的情況，就不可能產生市民的語言。

市民階級所需要的語言，既不是良好的風度，也不是那種下流的風格，它們和真正的市民生活並沒有什麼關聯。事實是，它們和這一階級公共的和私人的福利是直接對立的關係。我沒打算討論市民階級透過經常身處市里的大型舞會、劇場和娛樂場中而受到的語言訓練，也沒打算討論那種透過讀書團體或其他類似的公共活動所獲得的語言訓練。

正像市民和農民階層一樣，專業者和較高階層從這一現代精神那裡獲得了很多的幫助。

我們彷彿能夠這樣認為，較高階層的人一定是因為會說話，而去學習思考和生活，而不是生活逼著他進行說話和思考。這樣就有了一個問題，即相當於實際上將能力訓練和真實情境有關這一點給丟掉了，而實際情境，其實是說話、思考和生活的自然基礎。感覺、說話和思考能力的實際訓練已經沒有了動機。

在個人訓練中，必然會出現極大的缺陷，而且到了關鍵的時刻，有的能力應用起來就表現出來了自身的不足，那麼，過度運用能力又有什麼用呢？沒有經過訓練的能力、惡

劣的訓練和不自然的訓練，從其產生的影響的角度看來，比完全沒有能力還壞。

我並沒有對自己的思想過於自信，但是我要說服上流階級，對這個觀點進行嚴肅的思考。他們的尊嚴、福利、獨立性以及所有下層階級的福利，都是和這一問題有關係的。

在上層階級裡面，擴展、加強和加速其文化能力的需求，實際上和讓下層階級的知識和語言能力與他們的實際需求保持協調一致的迫切程度是一樣的。將那些多餘和沒用的、甚至是有害的和不利的知識教給他們是徹底的錯誤，尤其是在它伴隨著對實踐能力的培養的輕視時，不用說，它助長了膚淺的思考和判斷問題習慣的形成。

兒童怎樣學習說話

現在讓我們回到發展語言才能的自然方法的問題上。一個兒童如何學習說話，他如何提前為此進行準備呢？從他們出生開始，他就留心各種聲音了，這些聲音進入他的耳朵，和各種物體透過視覺感官或者別的感官進入他的意識是一樣的。透過感官，將感覺環境中的各種物體帶入到意識裡面，感官的訓練和說話器官的訓練產生了緊密的連結。

在早期，兒童就從內部感到具有將所聽到的各種聲音再現出來的能力，而且和各種別的人類的能力一樣，這種能力

越來越活躍，並在本能的幫助下，這種能力得到了運用。雖然不那麼容易觀察到，但是各種說話器官透過運用，的確是越來越強了。

兒童的發音多種多樣，有一種是他天生就有的說話能力所發出的第一種聲音，這就是不需要學習就會的哭喊。其次出現的聲音，和跟人類說話的清晰聲音並沒有什麼關係，但是倒是和各種動物的聲音很相似。這些以單純本能的形式發展的聲音，是由相關的器官擠壓出來的。它們和周圍那些人發出的聲音之間不存在關聯。只是在幾個月以後，這些聲音才開始可以察覺到和我們字詞中的母音、輔音有一定的關聯，同時開始接近於我們總當著他們的面說的一些音節和字詞的聲音。從這時起，兒童開始對母親和他說的最容易的聲音進行模仿。對他而言，學習說話是一件越來越容易和高興的事情，並且，他獲得的進步，通常都是和他在家庭生活和周圍環境中不斷練習的感覺能力的培養存在關聯。

字詞與事物的關係

這樣我們就知道了，真正對人類所謂的說話才能進行訓練並獲得進步的，是生活本身。我們一定要充分的利用生活提供的所有發展變化的方法，這樣才可以確保提升是和諧而一致的。如果在語言訓練方面順利的獲得了進展，那麼智力

的訓練，感情的訓練，工藝和技術的訓練，都應該遵循大自然的順序進行發展。如果將這些訓練視為一個個孤立的單位，那就意味著已經偏離了自然的原則；也就意味著正確的真正的發展我們的才能的方式已經被人工的設計取代了。我們讓兒童在能夠說話之前就看書，並試圖用書作為工具去讀；強行阻礙他們對各種實際的事物 —— 這是說話的自然基礎 —— 進行熟悉。我們還在用一種最為不合理的方法，讓一點生氣都沒有的字母表作為他們感覺經驗的起點，而不是那些和大自然自身相一致的、第一手的、生氣滿滿的感性經驗。人在其充分成熟到擁有閱讀書籍的理解能力以前，一定要可以充滿信心的、正確的敘說許多事物。然而在這些年月裡，追求技巧的外表超過了追求技巧本身所有真正可以培養才能的方法，都因為日益相信那荒謬的發展的方法而被視為一點價值都沒有了。

假如我考慮到學習說話方法就像它實際產生的那樣（這才是語言訓練的真正基礎），我將會看到，幼兒從他的身邊環境裡聽到了大量詞語的聲音，一開始他一點都不懂這些詞語的意義。經常重複的這些聲音也會對他的聽覺形成影響，漸漸為他所熟悉的東西，並且，他可以對這些聲音進行熟練的模仿，而不用去理解或猜想它們的意義。這種透過耳朵獲得的、過早的、無法理解的知識，和這種重複說話器官的技

巧，乃是真正的培養說話才能的基本準備階段。

　　在熟悉了表示事物意義的字詞之前就對一個事物的概念進行了解，這一概念就這樣在物體自身將觀察和名稱連結在一起的那一剎那，深深的寫進了兒童的心靈。所以，應該讓兒童習慣聽主題多樣的談話，尤其是聽關於他的家庭和近鄰的談話，這在語言教學中，是特別有利的條件。聽別人談話，對語言的所有方面都會產生影響。兒童透過這種方法，不僅熟悉了大量的詞彙，並且幾乎不會意識到自己是在學習新的事物，他還掌握了詞類變格和動詞變化的形式。這可絕對不是一件小事。總而言之，當我放下這個問題，也就是支配語言機械化發展的自然規律問題，並且追問大自然是怎樣來發展語言的深層的精神方面時，我發現，語言訓練和經驗的自然發展存在內在的關係，並每一步都和它保持著和諧一致。一開始，每一物體被理解為一個個別的單位，而且對多樣物體的各個部分進行個別的認識和分析，這個過程過於緩慢。時間和環境多變的條件，在有理解的和有關聯的進入兒童的清楚的意識裡以前，偶然的、不系統的對他們的感官進行著影響。如果在語言發展裡任其自由的話，那麼這就是它所遵循的路線。命名一個事物，並不會將其組成部分或多樣性納入考慮。隨著時間的緩慢流逝，就又來到了一個階段。在這個階段裡，這些組成部分就會被細膩的思考，這些細節

第五章　天鵝之歌

也會獲得命名，最後，兒童自己可以將那些隨著時間和環境而變化的特性精確的表述出來。教育的基本制度和所有方法，都是建立在這個基礎上的，它規定，語言教學應當完全遵循大自然發展兒童才能的計畫進行。即使稍微偏離這些原則一點，它也就馬上不是基礎教育了。在這種方法之下教育出來的兒童，在他具有知識之前必然不會饒舌，也不會在缺乏第一手經驗的時候去談論一件事情。如果在語言訓練上獲得的進步是全面的，是真正的（包括兩個方面，精確和廣泛），那麼，它自然是按照這一過程進行的，並且只有以這個為基礎，它才有形成處在經驗和思維二者之間必要的中介環節的可能。

語言教學的藝術為發展過程中的經驗和思維二者提供了中間環節。培養第一種藝術要早於培養第二種藝術。如果前面沒有一種合理的綜合的培養經驗，那麼發展思維才能的方法就不再具有自然的基礎。

顯而易見，我們用自然方法對小學生進行教育，他語言訓練的結果是，一定可以精確的將他周圍環境的感覺印象表述出來，如同那些感覺印象曾經深深的刻在他腦海裡一樣。除非學生在語言學習裡達到了這個階段，否則經驗和思維當中就會出現空白，而要想補救思維發展的差距，只能靠發展他的語言能力。

外國語

按照心理學的觀點，上面說的這個問題是語言教學的一個難題。這一難題的解決讓我們可以論述另一個問題，也就是外國語的教學問題。是否存在關於這一教學的普遍方法呢？所有都是依靠對這一原則的認識，即經驗透過語言導入思維——先是經驗，接下來是語言，最後是思維。一定要將母語的發展過程牢記於心。

兒童對母語進行學習的方法是所有語言教學的原型。從母語到現在用的語言，然後再到過時的語言，自然的過程就是這樣的。因為，如果想真正理解過時的語言，兒童一定要透過學習現在用的語言來獲得關於事物的第一手知識，和他首先要明白和理解的那些事物相比，這些事物和他的實際生活的關係要密切得多。

這些原則為理解和掌握一種外國語的普遍方法打下了基礎，但是，在任何一種情況下，實施起來都需要借助於機械化的和心理學化的教學計畫。我們一定要將多少年來經驗已教給我們的此類計畫充分利用起來，同時將這些計畫與我們所知的大自然自身的程序緊密結合。那些大自然留給自己的、受到嬰幼兒還沒有完全發育的感覺和器官的妨礙的東西，完成起來是緩慢的、不確定的，也是不夠完善的。教師

第五章　天鵝之歌

要在掌握一種語言的自然方法基礎上，遵循著次序的對教學計畫進行安排。這只不過是系統的給予大自然單獨無法實現的事情的一種力量。當然，這些教學計畫在心理學上是正確的，是這一點適用的唯一前提條件。

所以，比較充分的認識學習母語的自然方法，是讓學習其他語言容易起來的所有計畫的真實的泉源。

兒童語言中的語法

我們再來仔細的分析一下兒童怎樣學習說話 —— 這就是說，考慮一下在家庭裡面，母親和兒童之間的關係。本能在這裡是占有優勢的，當社會的要求將母親的自然地位擭走時，母子之間的關係就表現為學習說話並日益完善的自然進程。但是，時代敗壞了原始的母性力量，結果是往後的所有語言活動都被損害了。兒童說話和經驗沒有什麼關係。要素教育方法理論的重要目的，就是要去探索怎麼才能避免這種已經造成的錯誤；最重要的是，探索充分的利用家庭生活的可能性。首先，讓母親們掌握合適的方法，其次，對兒童進行訓練，讓他將新獲得的技巧分享他們的兄弟姐妹們。

第一，兒童學習識別各種食物並學習怎樣稱呼它們；然後，認識它們的特性和活動 —— 這就是說，他從學習各種對象開始，然後學形容詞，接著又學動詞。隨著時光的流逝，

他非系統性的學習這些字詞，雖然他們是間歇的獲得進步，但這些字詞總是可以從短語裡學來的。上下文可以讓兒童掌握字詞的意義和字詞之間的關係。因為短語可以傳達意義，因此學起來要比孤立的學字詞簡單得多，當然，在分散的短語中個別的字詞，兒童只能是不完全的理解。與此同時，兒童學習這些字詞的同時，也是在學習語法的變化。

那些在形式上沒有出現變化的詞類 —— 介詞、連接詞等等，利用透過精心收集的例句，可以被深深的印在兒童的心上，所以對其他方面的緩慢的自然進程是有幫助的。這種情況尤其符合我們的初等教育計畫。

新語言學習中的語法學習

雖然在兒童獲得了實際運用語言的能力時，自然要將語法介紹給他們，然而他們練習說話的這些能力和別的能力時，並沒有教他們一點語法。學習外語恰恰就是運用的是這個原則，儘管流行的教學實踐已經把它給忘記了。那些並沒有受教育經歷的人，在教語言時用的卻是這種正確的方法，這事情多麼的奇怪！將一個德國兒童委託給一個法國僕人照顧，如果他使用不斷談話的方法，就能夠迅速而有效的教給這個孩子法語。他自己可以迅速的將他周圍的事物從容的表述出來，無論它們的邏輯順序怎樣，兒童畢竟獲得了多年的

學校教學計畫所無法達到的結果。這位僕人使用的方法是自然的，所以是優越的。

即使是這樣的情況，一個人身在異國他鄉，那裡除了他，再沒有人會說他的語言，這也是可以說明我的觀點的。客觀的需求逼著他像學習自己的母語那樣，去學習外國語。在他對這些外語的意義有了了解之前，他識記了它們的聲音，而它們的意義與能力也就有了。我自己的經驗也可以進一步的證實我的觀點是正確的，雖然在很長的時間內，我們沒有能夠像教母語那樣，將這個原則運用在別的任何外語教學裡。

不過，我相信它是可以應用到外語教學裡的，而且也相信它可以代表獲得一種語言的程序的典型模式。我們已經在德語（母語）和拉丁語方面展開了這項工作。

語言是感覺經驗與思維之間的中介

接下來我們不說這一課題了，還是回到感覺經驗與思維的關係上來。如果一個人的感覺經驗不是非常特別混亂，他就可以自動的找到他生活中各種事物的清晰的印象。但是，清晰的感性認知並不能讓他感到滿足。他又努力將它們組織

到一個較高的思想系統裡。透過將他的各種感覺經驗帶進他所尋求的關係中，他想要得到確定的觀念。他對它們進行互相比較，為它們賦予邏輯順序，判斷如何來利用它們。對他而言，這些都是自發的，而教育者卻始終試圖將這種自發性轉化為簡單的規則，並讓它不會產生錯誤。不過，他們卻已經走入了迷途，已經偏離了組織感覺經驗的基本工作，不再有分析、比較的細心實踐，取而代之的是教邏輯思考的規則，當然，這相當於把車放在馬的前頭。只是對那些已經能夠清晰思考的思想家來說，系統的邏輯才是有用的。無論學生們如何長時間的運用它，它反而已經失去了真正的意義。它是無力的、有害的，並且是不會有效果的。

發展思考能力的練習一定要和生活本身的方法相符合。正如人們是無法透過談論道德，就成為有道德的人一樣，不透過實際的思考，他們是無法學會思考的。要素教育體系將形狀和數目視為從簡單的感覺轉化為實際思考的簡單而自然的準備。要素教育運用形與數於那種目的之中，並將它們視為展露並訓練人們抽象能力的合適基礎。

但是，我們一定要清楚的懂得，形狀和數目的教學方法，並非目的在於簡化算術和測量的一系列機械式的練習和人為的設計。我們不能採用乘法表或者類似的表格來開始進行數目的教學。這類工作，要求具有歸類、分開和比較感覺

第五章　天鵝之歌

對象的能力作為基礎，同時，我們也不願將正方形數詞關係表拋棄，而採取別的純屬人為的設計。在任何一件事情上，我們都依靠人的自然的意向進行思考。人一定要學會好好思考各種呈現在他感官面前的事物，自己來歸類、分開和比較它們進行。當他這樣做了，就會產生計算的能力和測量的能力，這種能力彷彿自然而然就產生了似的。我們的方法將重點放在這一項早期工作上，絕對不做任何的機械式的竅門和簡略化，這些東西在初階與高階的實踐算術之中十分流行。在兒童可以適當的處理那些能夠測量和計算的多種對象之前，他必須透過一系列抽象形式的練習，學會數量和測量的一般原則。

想要實現成功，所使用的設計一定要和自然相符合。這就是說，它們一定要是「基本的」；它們一定要是小心翼翼的被分成漸進的、不露缺陷的序列，從最簡單易懂的基本原理到獨立的計算，甚至引導到簡單的代數和幾何的問題。

這樣說的意思並不是所有社會階層的孩子都要去學習代數和幾何。不一樣的階層，甚至不一樣的個人要求不一樣程度的造詣，需要高階數學知識的人是很少的。如果只讓那些表現出有非凡能力的人，和那些不依賴於他的階層的人來嘗試那些較高階的工作，那就是一件真正的好事。這種情況是一種特殊的職責。對超常的才能應該給予所有可能的機會，而且，最重要的是一定要進行正確的引導。不過即使是在這

裡，生活教育的原則也一定要得到承認。我們一定要小心，不能讓孩子的實際的或潛在的環境失去和諧。他的生活幸福是要放在首位考慮的。我們要給予優異的兒童愛的關懷，這和這個原則並不衝突，相反還是在強化它，也不是數學上的能力和任何其他方面的能力不一樣。

數學訓練一定要和兒童的一般智力進步保持嚴格的關聯。不能強迫他們專門化；方法一定要和他的自發活動相適應。

雖然兒童自身具備分析與綜合思考的推動力，但這並不意味著，我們可以對其發展聽之任之。我們一定要對他進行引導和激勵，透過精心設計的方法，既要將知識傳授給他，又要他可以自力更生。就像我們已經指出的，組織他的感官經驗，進行關於數目和形狀的教學。

實踐的技巧

接下來我來說一下實踐技巧的問題。和所有別的人類才能一樣，這種技巧也是在孩子的身上生出萌芽。唯有透過練習，才能發展成熟。雖然它非常依賴於感官和四肢的實際運用，但是它的進步和心智的生長有直接的關係。關於這一點，我們所做的所有事情都是有益的。內部和外部的因素一定要永遠都保持密切的連結。

第五章　天鵝之歌

　　靈魂、生活，就像它們組織感官經驗一樣，它們構成了實踐技巧的真正的實質。外部的計畫要求的是組織。我們需要四肢的和感官的基本訓練課程。各種練習一定要與實際情況的特殊性質相符合──那些為訓練感官的練習要和他們的身體特質相符合，那些訓練四肢的練習應該符合那些支配著有控制的獲得的各種規律。

　　像一般的那樣，兒童內部存在活動的動力，但是教師一定要將它激發出來，並對其進行引導，讓它沿著正確的軌道發展。如果他遵照了這個「基本的」原則，他就能夠運用一套漸進的練習方法，迅速而有力的對兒童進行訓練，訓練他們的耳朵去聽，眼睛去看，還有嘴巴去正確的說話和唱歌。訓練四肢也是一樣的道理。

心理的契機

　　兒童自己的衝動會引發自由活動，教學不應該急著進行干涉。只有在兒童已經做好了準備的時候，我們才能向他們提出一些要求。當他已經覺得「我現在已經會做那件事了」時，我們才能要求他去做。我們應當允許兒童拿鉛筆、粉筆或者炭筆等去畫各種直線和曲線，而不要對他進行干涉或者糾正。只有當兒童完全是自願的開始模仿那些容易的字詞、開心的聲音，以變化為樂事，並且可以相當準確的表演他的

隨意動作時，只有在他受到了刺激，去模仿各式各樣的字詞和聲音，這樣他的動作越來越正確，越來越多樣化時，他才會出現這種想法：「我親愛的媽媽會幫我將我非常想做但是又做不好的這件事做好。」到了這時，才可以用自然的方法向兒童提供教學，並且是也只有這時，才應該提供給他。在實踐教育的所有領域，其程序的方式都是一樣的。

一切「要素」方法都是依靠連續的不間斷的步驟，從最簡單的基礎發展到較高的知識分科。知識在向深度和廣度發展時，內部同樣也保持了和諧。

任何實踐藝術的訓練方法的一部分基礎，都是原始生活的感官需求，還有一部分是藝術本身的特點。建築學上獲得的較高成就，也是從對原始人的小茅屋進行裝飾開始的。如果人類不用抵擋風寒，也就不用建築宮殿。如果我們沒打算盡快的從河的這一邊到達另一邊，我們就不會出現造船學。如果沒有這樣的境遇，我們都不會發明建築學這個詞。

如果我們的原始需求得到了滿足，我們在這個過程裡得到的能力，就會自發的用來提高藝術本身。如果教學計畫繼續和歷史起源保持和諧一致，這種新的活動將會在教育上發揮很大的作用。從另一個角度來看，如果遺忘了藝術的實踐基礎，而將全部的注意力都放在發展藝術能力的浮華外表上，那麼教育的這一方面一定會喪失用途。它將再也不是力

量的泉源，而成為缺點的根源。

　　較高的藝術訓練一定是從屬於生活的實際需求的。的確，只有以這個為基礎，較高階的訓練才有繁榮興旺的可能。在任何情況下，藝術的才能都主要是依賴全面的五官訓練。當然，完善的經驗同樣是必不可少的。

實踐技巧的智力基礎

　　在智力方面，藝術才能也要求對思考能力進行訓練，要求有數目和形狀的知識，還有有效的語言才能。在「要素」路線指導下，他已經學習了測量、計算、繪畫，他已經打好了實踐技巧的智力基礎。接下來的工作，只是對他渴望掌握的專門藝術所需要的外部靈巧進行訓練。這對音樂與繪畫兩者都是真實的。所有機械式的靈巧的訓練過程，都是得經過四個階段：第一，關心正確理解其形式。第二，能夠將它們復現出來。第三，進行微妙的表演。第四，對它們進行自由而獨立的運用。經驗告訴我們，這一點對於書寫、唱歌、繪畫以及演奏鋼琴而言，都是真實的。

實踐技巧和生活

　　如果兒童已經掌握了形狀和數目要素，那麼他們也就具備了履行其家庭和職業責任的智力基礎。但是，和窮人階級

相比，豐富的原則更不適用於富人階級。窮人階級家的兒童，從搖籃裡就開始了生活所需要的機械式計畫。手工業者的孩子通常都可以親切的接觸到他們父親的勞動，並在這裡面獲得重大的啟發。他們參與到勞動當中，並掌握了許多精細的技能。但是，這種機會在富有的階級中卻是不可能有的。他們的孩子會說：「我們是富人，我們用不到這些東西。」他們從來都沒有想過要幫助自己的雙親，以此來減輕生活負擔，也不覺得一切幸福的果實都是與這種想法相關聯的。啊！對於那些只會羨慕富有鄰居的人們的孩子們而言說，也是一樣的情況。

我們得將富家兒童教育中的這個缺陷填補上，將他們從現在的社會罪惡裡挽救出來，讓他們也應用現在用在貧窮兒童教育的原則。

我們是想讓對一切階級恢復雙親式的興趣和雙親式的力量。在我的童年時代，我總會聽到，有的父母從男孩子的幼年起，就培養他祈禱、思考和勞動，這已經是接受了一半的教育了。事情不能再真實了，這其實就是我們心目中的「要素」教育的目標。它是一種心理學手法，幫助大自然發展我們的體力、智力和道德力量。在觀摩了一堂數目教學課後，一位明智的來訪者這樣評論道：「這不是知識的問題，而是能力的問題。」他們的評論，將這種見解和「要素」方法和所有

別的方法之間的差別正確而清楚的表述了。

　　這種方法對我們的知識和技巧的所有領域都是適用的。每一知識和技巧部門都有其特殊的性質，和其他部門不一樣的。傳授這些技巧的教師當然一定要具備專業知識和其所包含的特殊能力。他不僅一定要完全熟悉才能的「要素」訓練，而且也一定要完全熟悉要介紹給學生的特殊部分的知識或藝術。這並沒有看起來的那麼難，這是因為，當教師意識到為了教學的目的，必須要謹慎的把所教的科學分成漸進的等級時，他也將認知到，在原則上，「要素」方法與他的從初步開始教學的需求是相同的。所以，他也一定會認知到，生活教育的原則決定他的科學教學工作的目的和範圍是由生活教育的原則所決定的。

　　只有在這樣的時候，也就是對社會各階級的環境和需求給予應有的注意時，我們才能夠確定，我們的教育方案為民族文化做出了貢獻。如果留心觀察這一點上，就會發現它對上層階級、對所有需要高等科學教育的專業者都將產生好的影響。一方面，它為他們的職業提供充分而適當的訓練；另一方面，它讓他們具備了追求和運用自己的方法從事專門研究的能力。

　　它對手工業者和勞動階級的影響同樣也是令人愉快的。如果國家將其採納為制度，那麼它一方面將讓那些有野心的

人冷淡下來，那些人儘管非常適合他們的特殊地位，但是完全不適合任何一個高階的職位；另一方面，將會讓那些具備特殊天賦的人在他們的行業中發揮力量，以獲得他們自己的和公共的利益。

感官經驗和高階勞動及自然界歷史的關係

　　要考慮感覺經驗的基本練習，並利用語言的練習，讓它過渡到嚴格意義上的思考。如果感覺基礎是健全的，是充分的，我們就可以領導我們的小學生，透過循序漸進的步驟，讓他們獲得明確的概念。我們在數目與形狀教學的課堂上對他們進行引導，學習抽象思維，逐漸為科學觀點的掌握鋪平道路。可以考慮將自然界的歷史作為一個範例。不管如何限制一個孩子的經驗，他也一定會對半打以上的哺乳動物都很熟悉，就像熟悉很多的魚、鳥、昆蟲、兩棲動物還有蚯蚓等。如果他從搖籃時就開始學習認識牠們，並了解牠們的主要情況，或者他已經掌握了清楚的表述牠們，就像「要素」方法教給他的那樣，那麼這個孩子就已經獲得了動物學家、鳥類學家等人的自然的、可靠的觀點。如果擁有相應的環境，他就可以從事這類研究，並獲得相當多的成功機會。別的科

第五章　天鵝之歌

學門類也是同樣的道理。的確，如果要素方法並非意味著這些，它就是沒有用的。它的價值有一部分依賴我們自己，也有一部分依賴環境，而這種環境絕對不會是一點意義都沒有的。任何一個兒童，只要已經掌握了如何對在靜止和運動狀態下的水，或者水的多種形式──露水、霧、雨、雪、蒸氣、冰雹等等──進行細心的觀察，還掌握了對水對別的物體的多樣作用進行觀察，並可以清楚的表述它們，那麼，他就已經具備了物理學家觀察事物的方法的基礎。和這個類似的是，孩子們如果也熟悉了這類現象，如糖和鹽的溶解，蒸發和結晶過後它們又恢復了原狀，大理石變成白堊，打火石變成玻璃，這就很好的為科學的研究這些事物打下了基礎。這也就和一個農村的年輕人對茅屋有了透澈的了解，並可以在描述它們的細節上，細到像要學習怎樣去蓋茅屋一樣。如果這個年輕人具備了才能，他只需要進行形狀和數目的「要素」訓練，就能夠用更廣泛的方法去對建築進行研究。

當從搖籃時起，就用這種方法對一個兒童進行培養時，他的感官能力的仔細訓練能夠讓他達到什麼樣的程度是很難說的，尤其是如果他在抽象處理他的經驗上接受了充分的訓練的話。能量大的地方，方法運用起來就會很容易，而且還會產生深遠的影響。

地理和歷史

但是，在今天所流行的混亂的詞語教學中，是無法進行這種先進的工作的。我們堅持生活教育的原則。我們總在訴諸兒童的整個本性，即使課題並不真正的適合兒童，要素方法也應該讓教學趨於合理，並盡量擺脫這種局面。我這裡舉地理和歷史作為例子，雖然在我看來，它們根本不是合適的初學課程學科。如果一個孩子一定要學習地理，要素方法將可以提供一種簡單的練習課，學習河流、山脈、城鎮的名稱，並借助普通的地理儀器，透過「人為的經驗」教學生掌握這些地方的相關位置。

適合兒童的練習有兩種類型。在兒童時期，記憶力與感官活動特別強。我盡可能的利用鄰近地區，來讓兒童學會識別地理位置還有關係。在第一節閱讀課上，我會讓我的學生訓練大聲的拼讀鄰近的地名，比如一條河的流域。我會將這個流域分成三部分：上游區、中游區和下游區，讓兒童反覆的熟悉重要地方的名稱以及位置。在第二課上，一定讓兒童們學習和第一課中有關的小地方的名稱和位置。兒童們還一定要知道這個地方在這一方向，和某個地方相距多少公里。

這一課程將形成合適的地理科學研究的入門基礎，在這門課程裡，學生將會學到科學術語。不管怎樣，它並非別的，而只是今後將要建造一間房子的一些材料。

第五章　天鵝之歌

　　至於歷史，我們無法做更多的事情。如果我們不希望一個孩子理解歷史的機會被永久的損壞，我們就不用打算在他的幼年，就去教給他歷史知識。要想讓人在他們對生活的現實世界還沒有產生任何真正認識的情況下，去認識很久以前的某一時代的精神，沒有任何的意義可言。我們只須將有用的人名和地名教給他們，而這些就足夠了。

　　所以，在我看來，這種工作在地理和歷史課上的可能性，差不多和學習說話的機械式練習一樣，儘管我已經說過，我覺得這種練習是十分重要的。

　　學習新語言一個最大的好處，就是它可以給予對我們的知識進行修正和更新的機會。我們已學會的和母語發展有關的知識，很多已經衰變了，現在是時候讓它回復到生活中去了。所有的這些都特別需要有一種適合標準形式的教科書。不過，我一定要著手將要素教育的觀念作為一個整體進行考慮，並將我對它的各個孤立方面所說過的話概括起來。

一定要培養完整的人性

　　雖然我從來沒有這樣說過，多種多樣的培養計畫，比如讓我們的感官能力、說話和思考的能力還有我們的實踐經驗得到發展──這一切都是促進滿足人類本性作為一個整體的需求。然而對這些能力的某一方面進行孤立的培養是不夠

的。過分的強調某個方面總是危險的，這會導致內部的發展產生不和諧。但是，在我們還沒有解決什麼是人類本性的特殊性格前，怎樣使教育和教學完全的成為自然的這樣一個問題，是我們無論如何回答不出來的。這樣，我們就又被帶回到之前那些篇章裡討論過的問題了。我們在那裡已經發現了這個問題的特點是：人具有超過和高於他和動物共有的那些性質。牛有屬於牠自己的靈魂和生命，但是那不是人類的。狗擁有比人靈敏的嗅覺，鷹擁有比人靈敏的視力；不僅如此，牠們還可以對這些器官進行很好的利用。我們並不能指望擁有牠們那樣的技巧，即使那種技巧是那麼精巧，但那並不屬於人類。它只不過意味著本能力量的運用。它和人的思考和活動才能之間存在本質的差別，無論怎麼說，它是低等的，這是顯而易見的。當我聽到這樣的說法：「你讓我們僅僅比天使稍低」時，我感到十分震驚。我記起那種同樣真實的話：「你已經無限的抬高了我們在地球上的血肉之軀；你已經讓我們無限的比田野上的野獸高。」人類的思維和肉體器官沒有任何關係。它是讓身體成為心智的奴僕的工具，這才是真正的人性，而且和低等動物的思考能力是絕對對立的關係。出於充分的掌握我們所指出的「依據大自然」的意義的目的，我們一定要牢記，我們的所有工作，都是設計來影響各種能力處於統一的人的全部本性的。它依賴於我們各種能力的和

諧 —— 這種和諧一旦建立起來，就將對我們整個的實際生活產生影響。

不同階級需要的不同教育

在「要素觀點」要求將人類的本性視為一個整體的同時，並沒有忽略要處理人們中間存在著的不同社會地位這個問題，這個問題急需解決。教育和家庭環境之首要原則就是和諧。要教育孩子熱愛他周圍環境裡面所有可愛的東西。他學習思考可以激發他思考的事物；他學習做、希望、期待、信任，並且在關於他的生活實際中奮鬥。他的能力和他的生活都需要和諧一致的發展。對於他來說，他父親的家和社會地位等等都是非常可貴的，他願意為他們分擔負擔。他不認為這是對自己的約束；這些已經養成了習慣。我們不要把他造就成一個夢想家 —— 失去現實性的人是沒有履行他的職責的能力的。不管上面說的事有多麼的微不足道，都應該把孩子培養成內心善良的幸福的工作者。

首先我們需要一種將這些差別考慮進去的教育制度。我們需要為不一樣的階級提供不一樣的教育。在初階知識方面，城鎮公民當然不會比一個鄉下人需要更扎實的基礎，不過，用不一樣的方法去發展他們的能力還是有必要的，並且應當予以鼓勵。如果鄉下人是這種教育情況，既不用請一個

木匠來幫他規劃每塊木板如何製作，也不用請一個鐵匠來隨時幫他在牆上釘釘子的話，那麼城鎮居民卻就一定得做好這種特殊需求的準備。他一定要獲得和地方工業有關的各種材料的全面知識，並接受美學和算術這一類的訓練，因為這可以激發他的創造才能。

上層階級兒童則是完全不一樣的情況。他們用不到這種教育，他們的環境也不會為他們提供這類訓練機會。他們永遠都不用操心生活的方式。他們的智力的和道德的生活不用透過體力勞動進行激發，他們利用別的途徑 —— 智慧和心靈將支配雙手。

如果在能力、知識和技巧的發展過程中遵循大自然的次序的話，那麼這一觀點一定會帶來象徵著各種不同階級的教育安排上的差別。薪水階級的幸福完全取決於他們的實踐能力。廣泛的知識並不能多給他們些什麼。上層階級十分需要更多的知識，然而也僅僅是牢固建立在實際經驗基礎上的知識。他們的實踐能力本身對熟悉各種事物和他們的待遇十分依賴，儘管它們實際上是掌握在別人的手裡。知識階級非常需要研究方法方面的比較深廣的訓練。

除了將被培養為從事特殊的科學工作的人以外，大自然本身為每一階級的教育需求，都提供了必不可少的環境……

作為教育者的雙親和家庭教師

　　當我提出這種假想時，我非常清楚，我的設想一定會受到嘲笑，就是說，當我的要素教育理論獲得理解時，那些雙親們將是真誠的放棄自己對孩子們的教育，而不是被迫的。我的確相信，在大部分情況下會發生這樣的事情，我十分清楚，這是這個階級中大部分父母們的習慣——真的，假如他們不是按照某些原則這樣做的話——坦白的承認，關於教育，他們是一無所知。他們說他們只能將孩子委託給受聘的教育者，尋求合適的委託人，他們既不吝惜時間，也不吝惜金錢。他們顯得是那麼的慷慨，並經常獲得意外成功。發現一個真正的好教師的幸運程度，可以和獲得一張頭獎彩券相提並論。就像諺語所說的：「一隻盲牛可能找到一塊馬蹄鐵。」即使是這樣，這類幸運的事也不會總有的。很多打算透過付高額的薪水而聘到一流教師的人，得到的恰恰可能是一個並不勝任的人，好像因為吝嗇的動機而選擇了一件品質最差的物品一樣。在上層階級和富有者之中常發生這類不幸的事。這種嚴重的不幸，顯然是因為一部分人為我們錯誤有害的教育體系付出了極大的代價，並為這種錯誤導致的後果而悲嘆不已。但是，光明的日子一定會到來的。當各階層的顯貴者們，尤其是那些最上層的人物們在教師必備的素養上開始嚴肅的反省後，在這個課題上一定會得出正確的結論。在雙親

們對要素教育的熱情激勵下，他們可能會盡最大努力的用一個比較好的方法，來取代目前產生於無知的做法。

官網

國家圖書館出版品預行編目資料

平民教育之父裴斯泰洛齊掀去無知的面紗：見解與經驗、才能發展與運用、事物與文字、兒童與母親，瑞士教育改革家的思想與情懷 / [瑞士] 裴斯泰洛齊（Johann Heinrich Pestalozzi）著，孔謐 譯 . -- 第一版 . -- 臺北市：崧燁文化事業有限公司 , 2023.03
面； 公分
POD 版
譯　自：Johann Heinrich Pestalozzi On Education
ISBN 978-626-357-141-9(平裝)
1.CST: 裴 斯 塔 洛 齊 (Pestalozzi, Johann Heinrich, 1746-1827) 2.CST: 教育家 3.CST: 學術思想 4.CST: 教育哲學
520.11　112000575

平民教育之父裴斯泰洛齊掀去無知的面紗：見解與經驗、才能發展與運用、事物與文字、兒童與母親，瑞士教育改革家的思想與情懷

臉書

作　　者：[瑞士] 裴斯泰洛齊（Johann Heinrich Pestalozzi）
翻　　譯：孔謐
發 行 人：黃振庭
出 版 者：崧燁文化事業有限公司
發 行 者：崧燁文化事業有限公司
E - m a i l：sonbookservice@gmail.com
粉 絲 頁：https://www.facebook.com/sonbookss/
網　　址：https://sonbook.net/
地　　址：台北市中正區重慶南路一段六十一號八樓 815 室
Rm. 815, 8F., No.61, Sec. 1, Chongqing S. Rd., Zhongzheng Dist., Taipei City 100, Taiwan

電　　話：(02)2370-3310　　傳　　真：(02) 2388-1990
印　　刷：京峯彩色印刷有限公司（京峰數位）
律師顧問：廣華律師事務所 張珮琦律師

定　　價：350 元
發行日期：2023 年 03 月第一版
◎本書以 POD 印製